I0016201

Computação aplicada a engenharia: algoritmos e programação

WENDELL DE QUEIRÓZ LAMAS

Catalogação na Publicação (CIP)
Ficha Catalográfica feita pelo autor

L217c

Lamas, Wendell de Queiróz, 1968 -

Computação aplicada a engenharia: algoritmos e programação / Wendell de Queiróz Lamas – Seattle, WA: CreateSpace, LLC., 2018.

114 p.

ISBN-10: 1717477585
ISBN-13: 9781717477583

1. Ciência da Computação. 2. Algoritmos. 3. Programação. I Título.

CDU 000.134.3(73)A004

ISBN: 1717477585
ISBN-13: 978-1717477583

DEDICATÓRIA

Ao amigo e "pai científico", Giorgio Eugenio Oscare Giacaglia que sempre acreditou em mim e me incentivou a transpor desafios cada vez maiores.

A Daiana Aparecida Evangelista Ventura, minha esposa e companheira, que, sempre a meu lado, tornou mais esta jornada possível.

CONTEÚDO

AGRADECIMENTOS

Ao meu avô, Alceu Lamas (in memoriam), à minha mãe, Bernadete de Queiróz Lamas (in memoriam), e ao meu pai, Hélio da Silveira Lamas, que sempre me incentivaram a estudar e a alcançar meus objetivos.

Ao Professor Antonio Carlos Nicolodi, um dos criadores do PORTUGOL, que, além de permitir o uso do VisualG como referência no estudo básico de algoritmos, nos ajudou a sanar dúvidas sobre a utilização desse aplicativo.

Aos amigos que sempre confiaram e incentivaram meu trabalho: embora não estejam mencionados nominalmente, eles nunca serão esquecidos.

1 CONCEITO DE PROGRAMAÇÃO ESTRUTURADA

Neste capítulo relacionam-se as principais características da programação estruturada, destacando a partir de tais características, o paradigma da programação estruturada, ou seja, a forma de pensar um programa estruturadamente.

1.1. Técnicas de Programação

A evolução das linguagens de programação é natural, pois a cada dia existem necessidades diferentes para o cliente/usuário. Assim, surgem processos diferentes, que necessitam de maior rapidez para atender o cliente/usuário, onde o foco é sempre o processo e a melhoria do desempenho do mesmo.

Um paradigma de programação fornece e determina a visão que o programador possui sobre a estruturação e execução do programa. Por exemplo, em programação orientada a objetos, programadores podem abstrair um programa como uma coleção de objetos que interagem entre si, enquanto em programação funcional os programadores abstraem o programa como uma sequência de funções executadas de modo empilhado.

1.2. Programação Estruturada

Programação estruturada é uma forma de programação de computadores, desenvolvida por Mchael A. Jackson, no seu livro *"Principles of Program Design"*, de 1975, que preconiza que todos os programas possíveis são passíveis de redução a apenas três estruturas: sequência, decisão e iteração.

Na prática, a programação estruturada transformou-se na programação modular e orienta os programadores para a criação de estruturas simples em seus programas, usando as subrotinas e as funções como ferramentas de modularização. Essa foi a forma dominante na criação de programas computacionais anterior à programação orientada por objetos.

Apesar da programação orientada por objetos tê-la sucedido, é possível se dizer que a programação estruturada ainda é muito influente, uma vez que grande parte das pessoas ainda aprende programação por meio dela. Para a resolução de problemas relativamente mais simples e diretos a programação estruturada é muito eficiente. Além disso, por exigir formas de pensar relativamente complexas, a programação orientada a objetos até hoje ainda não é bem compreendida ou usada pela maioria.

Há de se acrescentar também que inúmeras linguagens, ainda extremamente relevantes nos dias de hoje, como COBOL, PHP, Perl e Python, ainda utilizam o paradigma estruturado (muito embora possuam suporte para a orientação a objetos).

Não existe uma definição universalmente aceita para a programação estruturada; ao contrário, existem várias escolas de pensamento que a conceituam.

No sentido mais restrito, o conceito de programação estruturada diz respeito à forma do programa e do processo de codificação.

É um conjunto de convenções que o programador segue para produzir o código-fonte estruturado, onde as regras de codificação impõem limitações sobre o uso das estruturas básicas de controle, estruturas de composição modular e documentação.

Com esse sentido, a programação estruturada enfoca os seguintes tópicos:

- Programação sem **go to** (eliminação completa ou parcial do comando **go to**);
- Programação com apenas três estruturas básicas de controle: sequência, seleção e iteração;
- Forma de um programa modular;
- Aplicação de convenções de codificação estruturada a uma linguagem de programação específica.

Em um sentido mais amplo, a programação estruturada dirige-se tanto aos métodos de programação como à forma do programa. Implica em seguir uma metodologia estruturada para organizar o projeto e a implantação do programa.

Os tópicos envolvidos incluem:

- Programação modular;
- Refinamento sucessivo ou gradual (*stepwise refinement*);
- Níveis de abstração;
- Programação *top-down* e *bottom-up*;

1.2.1. Objetivos

O principal objetivo da programação estruturada visa a produção de um programa de alta qualidade a baixo custo, proporcionando uma disciplina de programação para conseguir:

- Melhorar a confiabilidade do programa;

- Aumentar a legibilidade do programa;
- Minimizar a complexidade do programa;
- Simplificar a manutenção do programa;
- Aumentar a produtividade do programador;
- Estabelecer uma metodologia disciplinada de programação.

1.2.2. Propriedades

As características mais notáveis de um programa estruturado são sua forma hierarquizada e o conjunto reduzido de suas estruturas básicas de controle. Além dessas, também se consideram propriedades igualmente importantes: a estrutura de controle padronizada, os requisitos de programação e as convenções de estilo.

Propriedade 1 – o programa divide-se em um conjunto de módulos dispostos em uma hierarquia que define suas relações lógicas e de tempo de execução.

Propriedade 2 – o fluxo de execução de módulo para módulo restringe-se a um esquema simples, fácil de entender, no qual se passa o controle para o módulo em seu único ponto de entrada, sair do módulo de seu único ponto de saída e retornar sempre ao módulo que o chamou.

Propriedade 3 – padroniza-se a construção do módulo de acordo com as regras tradicionais de modularização e as estruturas básicas de controle limitam-se a sequência, seleção, iteração e desvio.

Propriedade 4 – se requer a documentação relativa ao código-fonte, para descrever a função do programa como um todo e descrever, para cada módulo, sua função, sua estrutura de dados e sua relação com outros módulos do programa.

1.2.3. Estruturas básicas de controle

As três estruturas básicas de controle para a construção de programas estruturados são:

- Sequência – usa-se para controlar a execução do programa, onde se executam os comandos na mesma ordem em que aparecem no código-fonte;
- Seleção – usa-se para testar uma condição e, então, dependendo de ser o teste verdadeiro ou falso, executa-se um dos dois conjuntos alternativos de instruções;
- Iteração – usa-se para executar um conjunto de instruções em um número inteiro de vezes – isto é, para construir um laço (*loop*).

Usam-se as estruturas de seleção, iteração e desvio (**go to**) para alterar o fluxo de execução do programa de sua ordem sequencial normal.

1.2.3.1. Estrutura sequencial

Executam-se os comandos um após o outro, na mesma ordem em que aparecem escritos. Exemplo:

Ref. Escreva os termos de Fibonacci inferiores a L
| Receba o valor de L
| Processe os dois primeiros termos
| Processe os termos restantes
fim ref.

1.2.3.2. Estrutura de seleção (ou condicional)

Permite a escolha de um "caminho" específico mediante uma determinada condição avaliada ser verdadeira ou falsa; assim, executando-se um comando específico, ou um conjunto de comandos, para cada condição, inclusive retornando-se ao programa principal.

Sintaxe típica:

se condição
| então comandos1
| senão comandos2
fim se

Exemplo:

Ref. Processe os dois primeiros termos
Atribua o valor 1 ao primeiro termo
se ele for menor que L
| então escreva-o
fim se
Atribua o valor 1 ao segundo termo
se ele for menor que L
| então escreva-o
fim se
fim ref.

1.2.3.3. Estrutura de iteração (ou de repetição)

Possibilita a repetição de um comando específico, ou de um conjunto deles, enquanto uma determinada condição não for alcançada.

Sintaxe típica:

Repita
| comando
fim repita

Exemplo:

> **Ref.** Processe os termos restantes
> | repita
> | | Calcule o novo termo somando os 2 anteriores
> | | **se** novo termo for maior ou igual a L
> | | | **então** interrompa
> | | **fim se**
> | | Escreva novo termo
> | fim repita
> **fim ref.**

1.2.4. Formato padronizado do módulo

Um programa estruturado é um programa modular.

Porém, em um programa estruturado o módulo, além de seguir as regras básicas de modularização, tem sua forma mais limitada.

A imposição de regras de formato rigorosas para a construção de um módulo estruturado é outro meio de simplificar a estrutura do programa.

Elas permitem que o programador concentre sua atenção no conteúdo e não na forma do programa.

As regras para a construção de um módulo estruturado são as seguintes:

- Um módulo tem um único ponto de entrada e um único ponto de saída;
- Um módulo é uma estrutura completa – executa uma única tarefa lógica no programa e limita-se pelo seu ponto de entrada e seu ponto de saída;
- As estruturas básicas de controle legais restringem-se à sequência, à seleção (admitindo-se extensões), à iteração e ao desvio para o ponto de saída do módulo.

1.2.5. Estrutura de controle do programa

Existe uma relação de chamada entre dois módulos, **A** e **B**, em um programa estruturado, se o módulo **A** requisita o módulo **B** para executar sua função.

Do ponto de vista da estrutura do controle do programa, isso significa que o módulo **A** chama o módulo **B**.

Quando o módulo **A** chama o módulo **B**, transfere-se o controle do programa do módulo **A** para o **B**, então executa-se o código do **B** e quando esse completa sua execução, passa o controle de volta ao módulo **A**.

O módulo **A** (módulo chamador) se denomina pai do módulo **B** (módulo chamado) e o módulo **B** se denomina filho do módulo **A**.

Em um programa estruturado, a relação de chamada entre dois módulos só funciona em uma direção; isto é, se o módulo **A** chama o módulo **B**, o módulo **B** não pode chamar o módulo **A**, direta ou indiretamente, a partir de um filho ou neto. Além disso, um módulo não pode chamar a si próprio.

Não se permite essas relações porque são de difícil implantação em muitas linguagens de programação e porque tendem a aumentar a complexidade do programa. A Figura 1.1 ilustra um modelo hierárquico.

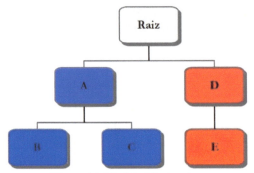

Figura 1.1. Modelo hierárquico.

1.2.6. Regras para o fluxo de controle do programa em um programa estruturado

O modelo hierárquico em um programa estruturado é contruído se considerando as seguintes regras:

- Existe um e somente um **módulo raiz**, em um programa estruturado.
- A execução do programa começa com o módulo raiz.
- Somente um pai chama um filho; um filho não chama seu pai, nem um módulo chama a si próprio.
- Transfere-se o controle do programa para um módulo em seu ponto de entrada e sai do módulo em seu ponto de saída.
- O controle retorna sempre ao módulo chamador, quando o módulo chamado completa a execução.
- O menor programa estruturado consiste apenas em um módulo raiz.
- Podem outros programas conter um módulo raiz e um ou mais filhos.
- Com exceção do módulo raiz, todos os módulos têm pelo menos um pai.
- Chama-se de módulo comum a um módulo que tem múltiplos pais.
- Qualquer módulo, incluindo o módulo raiz, pode ter zero, ou múltiplos filhos.
- Chama-se de folha a um módulo sem filhos.
- Todo ramo em uma hierarquia modular termina com um módulo folha.

Vale salientar que essas regras não se aplicam à linguagem C, pois em C permite-se que o módulo filho chame ao módulo pai ou que um módulo chame a si mesmo.

1.2.7. Documentação

A documentação é uma parte essencial de um programa bem estruturado.

Dirige-se a documentação a três níveis de compreensão do programa:

- Global;
- Organização do programa;
- Instrução do programa.

Cada nível sucessivo fornece uma visão mais detalhada do programa e todos os três níveis são necessários para a sua compreensão e manutenção.

1.3. Exercícios de Fixação

1) Defina programação estruturada e destaque seus principais elementos.

2) Quais são as estruturas básicas de controle na programação estruturada e quais suas principais características.

1.7. Bibliografia

ABE, J. M. A.; SCALZITTI, A.; SILVA FILHO, J. I. Introdução à Lógica para a Ciência da Computação. São Paulo, SP: Editora Arte & Ciência, 2002.

FARRER, Harry; BECKER, Christiano G. B.; FARIA, Eduardo C.; Matos, Helton F.; SANTOS, Marcos A.; MAIA, Miriam L. Algoritmos Estruturados. 3 ed. Rio de Janeiro, RJ: Editora LTC, 1999.

FISHER, Alice; GRODZINSKY, Frances S. The Anatomy of Programming Languages. Englewood Cliffs, NJ: Prentice Hall, 1993.

GUIMARÃES, A. M.; LAGES, N. A. C. Algoritmos e Estruturas de Dados. Rio de Janeiro, RJ: Editora LTC, 1994.

LONGHI, Magalí T. Notas de Aula em Fundamentos da Computação. Conceitos Básicos de Ciência da Computação. Canoas, RS: UNILASALLE, 2008.

NORTON, Peter. Introdução à Informática. São Paulo, SP: Pearson Makron Books, 1996.

SCOTT, Michael L. Programming Language Pragmatics. San Francisco, CA: Morgam Kaufmann/Academic Press, 2006.

TREMBLAY, J. P.; BUNT, R. B. Ciência dos Computadores: Uma Abordagem Algorítmica. São Paulo, SP: McGraw-Hill, 1983.

WIRTH, Niklaus. Algoritmo e Estrutura de Dados. Rio de Janeiro, RJ: LTC, 1989.

2 CONCEITOS DE LINGUAGENS ALGORÍTMICAS

Neste capítulo apresentam-se os principais conceitos de linguagens algorítmicas, tais como expressões, comandos sequenciais, seletivos e repetitivos. Além disso, relacionam-se as estruturas de controle: representação gráfica e pseudocódigo; desenvolvimento *top-down*; concatenação e aninhamento de estruturas.

2.1. Linguagens de Programação

Programar é a transcrição do algoritmo para uma linguagem que o computador "entenda", direta ou indiretamente.

Os computadores só executam diretamente os algoritmos expressos em linguagem de máquina, que é um conjunto de instruções capazes de ativar diretamente os dispositivos eletrônicos do computador.

A **linguagem simbólica** (linguagem *assembler* ou linguagem montadora) constitui-se por letras e símbolos mais significativos para os humanos. Esse conjunto de instruções tem sua correspondência em código de máquina (binário), assim se compila ou se interpreta o programa escrito nessa linguagem para que funcione.

O compilador traduz programas em notação matemática e em algumas palavras da língua inglesa para a linguagem de máquina. Esse ambiente de programação permite a escrita do código fonte em um editor próprio para essa tarefa, de acordo com as convenções de uma determina linguagem de programação.

Depois, esse código-fonte se liga às bibliotecas da linguagem de programação que sejam necessárias para o correto entendimento pelo compilador das instruções e das estruturas utilizadas nesse programa, criando um arquivo chamado de "objeto". Por fim, se traduz esse arquivo objeto para a linguagem de máquina, criando-se, desta feita, um novo arquivo executável, que é o programa desenvolvido propriamente dito.

O <u>interpretador</u> interpreta cada comando do programa e executa uma série de instruções que a ele corresponder. Nesse ambiente de programação, se executa o código-fonte linha a linha, sem a criação de um arquivo objeto ou de um programa executável. Nele, as bibliotecas já se incorporam à medida que o programa é interpretado.

Segue um breve histórico de algumas linguagens de programação, destacando suas principais aplicações:

- 1957: FORTRAN (*Formula Translation*) – áreas técnica e científica;
- 1959: COBOL (*Common Business Oriented Language*) – áreas comercial e administrativa;
- 1960: ALGOL (*Algorithmic Language*) – para todas as áreas;
- 1963: PL/1 (*Programming Language One*) – para todas as áreas;
- 1964: BASIC (*Beginner's All-purpose Symbolic Instruction Code*), tido como um versão mais simples do FORTRAN – áreas técnica e científica;
- 1968: Pascal – para todas as áreas.

Além dessas, outras linguagens de programação mereceram algum destaque, seja por motivos históricos ou tecnológicos:

- RPG – *Report Program Generator* (gerador de relatórios);
- FORTH (jogos);
- C (sistemas operacionais);
- APL – *A Programming Language* (programação interativa);
- ADA – Ada Lovelace (utilização geral);
- LOGO – conhecimento, em grego (problemas cibernéticos).

2.1.1. Exemplos de programas (série de Fibonacci)

Seguem três exemplos de códigos fonte para o mesmo objetivo: cálculo da série de Fibonacci, apresentando três linguagens de programação diferentes com o intuito de se observar as diferenças de convenções de cada linguagem.

2.1.1.1. Pascal

```
program fibonacci (input, output);
(* calcula termos de Fibonacci menores que L *)
var L, A, B, C: integer;
begin
read(L);   (* receba o valor de L *)
A:=1;           (* processe os 2 primeiros números *)
if A < L
    then writeln(A);
B:=1;
if B < L
```

```
        then writeln(B);
C:=A+B;        (* processe termos restantes *)
while C<L do
    begin
        writeln(C);
        A:=B;
        B:=C;
        C:=A+B;
    end;
end.
```

2.1.1.2. C

```c
#include <stdio.h>
#include <cstdlib>
#include <iostream>
int main()
{
int num, f1, f2, f3, cont;
    do {
    printf("Digite um numero:\n ");
    scanf("%i", &num);
        if(num<=0)
        printf("Digite um numero positivo!!");
    } while (num<=0);
printf("0 - 1 - \n");
f1=0;f2=1;
num=num-2;
    for(cont=0;cont<=num;cont++) {
    f3=f2+f1;
    printf("%i - ",f3);
    f1=f2;f2=f3;
    }
}
```

2.1.1.3. Java

```java
public class Fibonacci {
    static long fibo(int n) {
        if (n < 2) {
            return n;
        } else {
            return fibo(n - 1) + fibo(n - 2);
```

```
        }
    }

    public static void main(String[] args) {
    // teste do programa. Imprime os 30 primeiros termos
    for (int i = 0; i < 30; i++) {
        System.out.print("(" + i + "):" + Fibonacci.fibo(i) +
"\t");
        }
    }
}
```

2.2. Fluxogramas

Fluxograma é uma representação gráfica de uma sequência lógica e de suas interações. Essa técnica envolve uma simbologia específica, conforme visto na Figura 2.1.

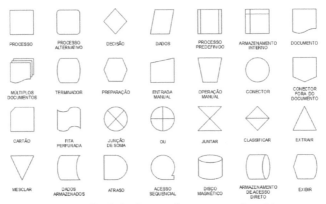

Figura 2.1. Simbologia para fluxogramas descritivos.

A Figura 2.2 ilustra um fluxograma que representa a avaliação do funcionamento de uma lâmpada e os questionamentos que permitem as tomadas de decisão no decorrer desse processo.

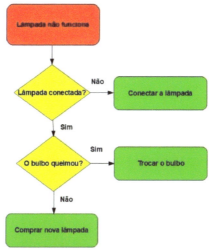

Figura 2.2. Fluxograma simples para avaliação da condição de uma lâmpada.

É possível que as interações mencionadas sejam mais complexas, derivando de questionamentos (decisões) para novos processos relacionados a essas decisões. A Figura 2.3 ilustra um fluxograma mais elaborado para comparar um número A com outro B e testar se A é menor que B.

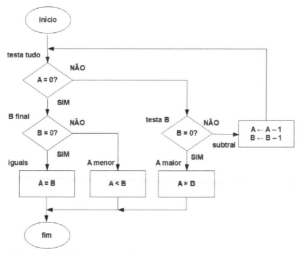

Figura 2.3. Fluxograma do algoritmo que testa se A < B.

Na análise estruturada de sistemas, existe uma técnica chamada de modelagem de dados que utiliza representações gráficas, como o diagrama de fluxo de dados (DFD) ilustrado na Figura 2.4.

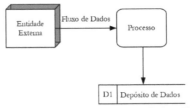

Figura 2.4 – Diagrama de fluxo de dados (DFD).

Assim como o fluxograma descritivo, o diagrama de fluxo de dados utiliza uma simbologia padrão para representar os seus componentes, conforme ilustrado na Figura 2.5.

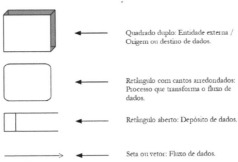

Figura 2.5. Componentes do DFD.

A Figura 2.6 ilustra, como exemplo, a estrutura de dados para a compra de lugares em uma determinada atividade cultural, como cinema ou teatro.

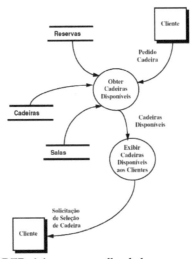

Figura 2.6. DFD típico para escolha de lugares em um evento.

O diagrama de Chapin, também conhecido por diagrama de Nassi-Shneiderman, constitui-se de uma sequência de blocos que representam processos, mas se subdividem em dois, caso representem uma situação condicional. A Figura 2.7 ilustra um exemplo do uso desse diagrama.

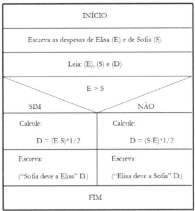

Figura 2.7. Diagrama de Chapin.

A Figura 2.8 ilustra um comparativo entre os gráficos normalmente utilizados e o pseudocódigo equivalente, respectivamente, fluxograma tradicional e algoritmo em PORTUGOL[1], para a solução de um mesmo problema proposto, que também pode ser comparado à Figura 2.7.

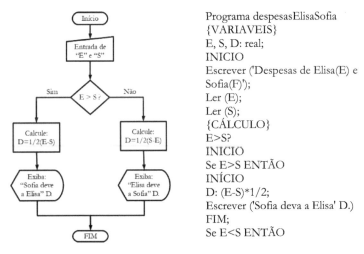

Programa despesasElisaSofia
{VARIAVEIS}
E, S, D: real;
INICIO
Escrever ('Despesas de Elisa(E) e Sofia(F)');
Ler (E);
Ler (S);
{CÁLCULO}
E>S?
INICIO
Se E>S ENTÃO
INÍCIO
D: (E-S)*1/2;
Escrever ('Sofia deva a Elisa' D.)
FIM;
Se E<S ENTÃO

---

[1] Portugol é uma pseudolinguagem que permite o desenvolvimento de algoritmos estruturados em português de forma simples e intuitiva. Criada pelos professores Antonio Carlos Nicolodi (Brasil) e Antonio Mannso (Portugal), que, respectivamente, em 1980-83 e em 1986, iniciaram o seu uso como apenas uma tradução da linguagem de programação Pascal para a língua portuguesa.
Fonte: <https://pt.wikipedia.org/wiki/Portugol>.

```
INÍCIO
D: (S-E)*1/2;
Escrever ('Elisa deve a Sofia' D.)
FIM;
FIM SE;
FIM.
```

(a)   (b)

Figura 2.8. Comparativo entre representação gráfica (a) e pseudocódigo(b).

2.3. Conceitos Fundamentais

A ação é um acontecimento que, a partir de um estado inicial, após um período de tempo finito, produz um estado final previsível e bem definido.

Exemplo: Sequência de Fibonacci: $a_i = a_{i-1} + a_{i-2}$ para $a_1 = a_2 = 1$.

   A) L = 50

    1 1 2 3 5 8 13 21 34

   B) L = 13

    1 1 2 3 5 8

   C) L = 1

Apesar de serem três ações distintas, se reconhece um mesmo padrão de comportamento, a subordinação a uma mesma norma de execução: "escreva os termos de Fibonacci inferiores a L".

2.3.1. Definição de algoritmo

Embora não haja uma definição formal de algoritmo, aqui admitir-se-á que seja *a descrição de um conjunto de comandos que, obedecidos, resultam em uma sucessão finita de ações.*

Exemplos de algoritmos:

- instruções para se utilizar um aparelho eletrodoméstico;
- uma receita para o preparo de algum prato;
- a maneira como se calculam as contas de água, luz e telefone mensalmente.

2.3.2. Refinamentos sucessivos

Considera-se um algoritmo completo se os seus comandos forem do entendimento do seu destinatário.

Em um algoritmo, um comando que não for do entendimento do destinatário terá que se desdobrar em novos comandos, que constituirão um refinamento do comando inicial.

Caso se forme um algoritmo não apenas por um comando, mas por vários, isso significa que na sua execução não se consideram apenas o estado inicial e o estado final de uma ação dele resultante, mas que se consideram também estados intermediários que delimitam as ações decorrentes de cada comando.

Por exemplo, se representaria a série de Fibonacci a partir da seguinte proposição:

> Algoritmo
> | Escreva os termos de Fibonacci inferiores a L.
> Fim Algoritmo

refinando-se para:

> Ref. Escreva os termos de Fibonacci inferiores a L
> | Receba o valor de L
> | Processe os dois primeiros termos
> | Processe os termos restantes
> fim ref.

Assim, forma-se um algoritmo e seus refinamentos sucessivos por comandos que determinam as ações executadas pelo seu destinatário e por estruturas de controle que determinam a ordem em que os comandos se executarão ou não e quando se repetirão.

Partindo-se do refinamento anterior, chega-se aos seguintes novos refinamentos:

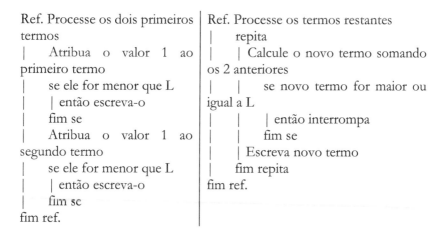

Ref. Processe os dois primeiros termos
| Atribua o valor 1 ao primeiro termo
| se ele for menor que L
| | então escreva-o
| fim se
| Atribua o valor 1 ao segundo termo
| se ele for menor que L
| | então escreva-o
| fim se
fim ref.

Ref. Processe os termos restantes
| repita
| | Calcule o novo termo somando os 2 anteriores
| | se novo termo for maior ou igual a L
| | | então interrompa
| | fim se
| | Escreva novo termo
| fim repita
fim ref.

Por fim, juntando-se todos os refinamentos, obtém-se o algoritmo final:

> Algoritmo {escrita dos termos de Fibonacci inferiores a L}
> | Receba o valor L
> | {Processamento dos 2 primeiros termos}
> | Atribua o valor 1 ao primeiro termo
> | se ele for menor que L
> | | então escreva-o

```
|    fim se
| Atribua o valor 1 ao segundo termo
|    se ele for menor que L
|    | então escreva-o
|    fim se
|         {Processamento dos termos restantes}
|    repita
|    | Calcule novo termo somando os 2 anteriores
|    |    se novo termo for maior ou igual a L
|    |    | então interrompa
|    |    fim se
|    | Escreva novo termo
|    fim repita
fim algoritmo
```

2.4. Estruturas

Para se escrever algoritmos, se utiliza uma linguagem clara e que não deixe margem a ambiguidades. Para isto, define-se uma sintaxe e uma semântica, de forma a permitir uma única interpretação das instruções em um algoritmo.

A estrutura fundamental de um algoritmo segue a ordem:

> Algoritmo "Nome_Do_Algoritmo"
>   Procedimentos
>   Declaração dos procedimentos
>   Funções
>   Declaração das funções
>   Variáveis
>   Declaração das variáveis
>   Início
>   Corpo do algoritmo
> Fim Algoritmo

Para tornar os programas efetivos, se utilizam algumas estruturas básicas para elaborar os programas em pseudocódigo e na maioria das linguagens de programação estruturadas, quais sejam: sequencial, condicional, de repetição e seleção de múltipla escolha.

2.4.1. Sequencial

Executam-se os comandos um após o outro, na mesma ordem em que aparecem escritos.

Sintaxe típica:

> Algoritmo {nome do algoritmo}

```
|    comando 1
|    comando 2
|    comando 3
fim algoritmo
```

Exemplo:

```
Algoritmo {Fibonacci}
|    Receba o valor de L
|    Processe os dois primeiros termos
|    Processe os termos restantes
fim algoritmo
```

2.4.2. Condicional

Os comandos se sujeitam ao resultado obtido para uma determinada condição desejada (V ou F).

Sintaxe típica:

```
se condição
|  então comandos1
|  senão comandos2
fim se
```

Exemplo:

```
Ref. Processe os dois primeiros termos
Atribua o valor 1 ao primeiro termo
se ele for menor que L
|    então escreva-o
fim se
Atribua o valor 1 ao segundo termo
se ele for menor que L
|    então escreva-o
fim se
fim ref.
```

2.4.3. Repetição

Os comandos dessa estrutura se repetirão enquanto não se alcançar uma condição pré-estabelecida.

Sintaxe típica:

```
Repita
|    comando
fim repita
```

Exemplo: Aplicando-se L = 13:
Calcula novo termo, como sendo 1 + 1 = 2
    Como 2 < 13, escreve o valor de 2
Calcula novo termo, como sendo 1 + 2 = 3
    Como 3 < 13, escreve o valor de 3
Calcula novo termo, como sendo 2 + 3 = 5
    Como 5 < 13, escreve o valor de 5
Calcula novo termo, como sendo 3 + 5 = 8
    Como 8 < 13, escreve o valor de 8
Calcula novo termo, como sendo 5 + 8 = 13
    Como 13 não é menor que 13, interrompe
Utilizando-se as regras estruturais definidas, tem-se:

```
Ref. Processe os termos restantes
|   repita
|   | Calcule o novo termo somando os 2 anteriores
|   |   se novo termo for maior ou igual a L
|   |   | então interrompa
|   |   fim se
|   | Escreva novo termo
|   fim repita
fim ref.
```

O algoritmo inicial após os refinamentos sucessivos:

```
Algoritmo {escrita dos termos de Fibonacci inferiores a L}
| Receba o valor L
|         {Processamento dos 2 primeiros termos}
| Atribua o valor 1 ao primeiro termo
|   se ele for menor que L
|   | então escreva-o
|   fim se
| Atribua o valor 1 ao segundo termo
|   se ele for menor que L
|   | então escreva-o
|   fim se
|         {Processamento dos termos restantes}
|   repita
|   | Calcule novo termo somando os 2 anteriores
|   |   se novo termo for maior ou igual a L
|   |   | então interrompa
|   |   fim se
|   | Escreva novo termo
|   fim repita
```

fim algoritmo

2.4.4. Seleção de múltipla escolha

A seleção de múltipla escolha compara um dado valor a constantes, desviando o fluxo de código para o ponto indicado pela primeira constante onde há casamento.

Sintaxe típica:

```
Escolha X
    Caso V1:
        (bloco de código)
    Caso V2:
        (bloco de código)
    Caso V3, V4:
        (bloco de código)
    Caso V5...V10:
        (bloco de código)
    Caso contrário:
        (bloco de código)
Fim Escolha
```

Exemplo:

```
escolha time
caso "Botafogo", "Flamengo", "Fluminense", "Vasco"
    escreval ("É um time carioca.")
caso "Corinthians", "Palmeiras", "Santos", "São Paulo"
    escreval ("É um time paulista.")
outrocaso
    escreval ("É de outro estado.")
fim escolha
```

2.5. Algoritmos Estruturados

Os objetivos das técnicas de desenvolvimento estruturado de algoritmo são:

- facilitar o desenvolvimento dos algoritmos;
- facilitar o seu entendimento pelos humanos;
- antecipar a comprovação da sua correção;
- facilitar a sua manutenção e a sua modificação;
- permitir que o seu desenvolvimento se empreenda simultaneamente por uma equipe de pessoas.

Para atingir esses objetivos, o desenvolvimento estruturado preconiza que:

- os algoritmos se desenvolvam por refinamentos sucessivos partindo de uma descrição geral e, gradativa e particularmente, atacando as minúcias e particularidades ("construção hierárquica de algoritmos"; "desenvolvimento de cima para baixo"; *top-down*);
- sucessivos refinamentos são módulos que delimitam poucas funções e são o mais independentes possível;
- nos módulos usa-se um número limitado de diferentes comandos e de diferentes estruturas de controle (simplicidade e clareza; manutenção e modificação).

2.6. Itens Fundamentais

A partir de agora se destaca um conjunto particular de regras e convenções para o desenvolvimento de algoritmos.

Partindo-se da estrutura geral proposta no item 2.4, se adotará a estrutura utilizada no aplicativo VisualG, conforme segue:

Algoritmo "semnome"
// Computação Aplicada à Engenharia
// Dr. Wendell de Queiróz Lamas
// Descrição   : Aqui você descreve o que o programa faz! (função)
// Autor(a)   : Nome do(a) aluno(a)
// Data atual : 25/04/2018
Var
// Seção de Declarações das variáveis

Inicio
// Seção de Comandos, procedimento, funções, operadores, etc...

Fimalgoritmo

2.6.1. Constantes

Constantes são aqueles valores que não se modificam ao longo da execução do algoritmo. Uma constante é um valor numérico, um valor lógico ou um valor literal.

2.6.1.1. Constante numérica

Refere-se a um valor numérico com ou sem parte fracionária.

Exemplos:
10
$7,8*10^2$
3,14
−0,38

2.6.1.2. Constante lógica

É um valor que assume as condições falso ou verdadeiro em proposições lógicas.

Somente existem duas constantes desse tipo representadas pelas palavras **falso** e **verdadeiro**.

2.6.1.3. Constante literal

É qualquer sequência de caracteres (letras, dígitos ou símbolos especiais) que forme um literal com algum significado para o problema em estudo.

Coloca-se toda constante literal entre aspas para não se confundir com outro item qualquer.

2.6.2. Tipos de dados

Os tipos básicos de dados suportados pelo VisualG são inteiro, real, caractere e lógico. Também é possível a declaração de variáveis estruturadas por meio da palavra-chave **vetor**.

2.6.2.1. Inteiro

Define variáveis numéricas do tipo inteiro, ou seja, sem casas decimais.

2.6.2.2. Real

Define variáveis numéricas do tipo real, ou seja, com casas decimais. Nesse caso, o separador de decimais é o ponto e não a vírgula, independente da configuração regional do computador. Também não se suportam os separadores de milhares.

2.6.2.3. Caractere

Define variáveis formadas por uma cadeia de caracteres delimitada por aspas duplas (" "). Esse tipo de variáveis também é conhecido por *string*.

2.6.2.4. Lógico

Define variáveis que somente admitem os valores **verdadeiro** ou **falso**. Esse tipo também é conhecido como *booleano*.

2.6.3. Variáveis

Uma variável na matemática é a representação simbólica dos elementos de certo conjunto. Nos algoritmos, a cada variável corresponde uma posição de memória e o seu conteúdo varia durante a execução do algoritmo. Identificam-se as variáveis por um nome ou **identificador**.

2.6.3.1. Formação de identificadores

Forma-se um identificador por um ou mais caracteres, desde que o primeiro seja, obrigatoriamente, uma letra e as seguintes letras ou dígitos. Não se permite símbolos especiais com exceção do sublinhado (_).

Exemplos de identificadores válidos:
a) A
b) NOTA
c) X5
d) A32B
e) TOT_NOTA

Exemplos de identificadores **NÃO** válidos:
a) 5B
b) E(13)
c) A*B
d) X-Y

2.6.3.2. Declaração de variáveis

Declaram-se variáveis em um algoritmo para que se reserve área na memória para armazenar a informação. Além disso, indica-se o tipo de informação que a variável conterá.

A seção de declaração de variáveis começa com a palavra-chave **var** e continua com as seguintes sintaxes típicas:

<lista-de-variáveis> : <tipo-de-dado>
<lista-de-variáveis> : <u>vetor</u> "["<lista-de-intervalos>"]" <u>de</u> <tipo-de-dado>

Na **<lista-de-variáveis>**, separam-se os nomes das variáveis por vírgulas.

Na **<lista-de-intervalos>**, separam-se os **<intervalos>** por vírgulas e se tem a seguinte sintaxe:

<intervalo>: <valor-inicial> ... <valor-final>

Tanto **<valor-inicial>** como **<valor-final>** são inteiros. Além disso, exige-se evidentemente que **<valor-final>** seja maior do que **<valor-inicial>**.

Exemplos:

<u>Var</u>
  a: inteiro
  valor1, valor2: real
  nome_do_aluno: caractere
  sinalizador: logico
  vet: vetor [1..10] de real
  matriz: vetor [1..4,1..4] de inteiro

2.6.3.3. Comentários

É um texto, ou simplesmente uma frase, que aparece sempre colocado após duas barras {// Comentário}, com o objetivo de explicar o algoritmo.
Exemplo:

Var
    NOTA: real // valor numérico do tipo real

2.6.3.4. Comandos de atribuição

Para atribuição de um valor a uma variável, usa-se o símbolo de atribuição (←), opcionalmente (:=). O valor atribuído tem que ser compatível com o tipo da variável.

Sintaxe típica: identificador ← expressão
onde:
    identificador é o nome da variável;
    ← é o símbolo de atribuição;
    expressão é um conteúdo do tipo inteiro, real, lógico ou literal.
Alguns exemplos de atribuições:
        a <- 3
        Valor1 <- 1.5
        Valor2 <- Valor1 + a
        vet[1] <- vet[1] + (a * 3)
        matriz[3,9] <- a/4 – 5
        nome_do_aluno <- "José da Silva"
        sinalizador <- FALSO

2.6.3.5. Comandos de entrada e de saída

Algumas vezes, será necessário fornecer informações ao ambiente externo do computador, por exemplo, vídeo ou impressora. Da mesma maneira, precisar-se-ão de informações do ambiente externo, por exemplo, o teclado. Em algoritmos, utilizam-se os comandos de entrada/saída para essa finalidade.

O comando **leia (<lista-de-variáveis>)** recebe valores digitados pelos usuários, atribuindo-os às variáveis cujos nomes estão em **<lista-de-variáveis>**.

O comando **escreva (<lista-de-expressões>)** escreve no dispositivo de saída padrão o conteúdo de cada uma das expressões que compõem **<lista-de-expressões>**.

Separam-se as expressões dentro dessas listas por vírgulas.
O exemplo 2.1 e o seu resultado ilustram o uso básico desses comandos:

Algoritmo "Exemplo 2.1"
// Computação Aplicada a Engenharia

```
// Dr. Wendell de Queiróz Lamas
// Descrição   : Aqui você descreve o que o programa faz! (função)
// Autor(a)    : Nome do(a) aluno(a)
// Data atual  : 25/04/2018
Var
// Seção de Declarações das variáveis
x: inteiro; // variável numérica do tipo inteiro para onde se lerá um valor
            // de um dispositivo de entrada e armazenados na memória
Inicio
// Seção de Comandos, procedimento, funções, operadores, etc...
escreva("Digite um valor inteiro para x: ")
leia (x)
escreva ("O valor de x é:", x)
Fimalgoritmo
```

O comando **escreva** permite algumas variações com o intuito de formatar o conteúdo mostrado. Por exemplo, o comando **escreva(x:5)** escreve o valor da variável **x** em cinco espaços, alinhando-o à direita.

Para variáveis reais, também se especifica o número de casas fracionárias que se exibirá. Por exemplo, considerando **y** como uma variável real, o comando **escreva(y:6:2)** escreve seu valor em seis espaços colocando duas casas decimais.

O comando **escreval(<lista-de-expressões>)** é uma variante do anterior, com a única diferença que pula uma linha em seguida ao valor mostrado.

O exemplo 2.2 ilustra a aplicação dessas possíveis formatações do conteúdo de saída:

```
Algoritmo "Exemplo 2.2"
// Computação Aplicada a Engenharia
// Dr. Wendell de Queiróz Lamas
// Descrição   : Aqui você descreve o que o programa faz! (função)
// Autor(a)    : Nome do(a) aluno(a)
// Data atual  : 25/04/2018
Var
// Seção de Declarações das variáveis
x: real
y: inteiro
a: caractere
l: logico

Inicio
// Seção de Comandos, procedimento, funções, operadores, etc...
```

x <- 2.5
y <- 6
a <- "teste"
l <- VERDADEIRO
escreval("x", x:4:1, y+3:4) // Escreve: x   2.5   9
escreval(a, "ok")   // Escreve: testeok (e depois pula linha)
escreval(a, " ok")   // Escreve: teste ok (e depois pula linha)
escreval(a + " ok")   // Escreve: teste ok (e depois pula linha)
escreva(l)   // Escreve: VERDADEIRO
Fimalgoritmo

2.6.3.6. Expressões aritméticas

As expressões aritméticas são formadas por operadores aritméticos e por operandos que são constantes e/ou variáveis do tipo básico numérico (inteiro ou real). A Tabela 2.1 relaciona os operadores aritméticos e suas descrições.

Tabela 2.1. Operadores aritméticos.

Operador	Descrição
+, -	Operadores unários, isto é, aplicam-se a um único operando. São os operadores aritméticos de maior precedência. Exemplos: -3, +x. Enquanto o operador unário - inverte o sinal do seu operando, o operador + não altera o valor em nada.
\	Operador de divisão inteira. Por exemplo, 5 \ 2 = 2. Tem a mesma precedência do operador de divisão tradicional.
+,-,*,/	Operadores aritméticos tradicionais de adição, subtração, multiplicação e divisão. Por convenção, * e / têm precedência sobre + e -. Para modificar a ordem de avaliação das operações, é necessário usar parênteses como em qualquer expressão aritmética.
MOD ou %	Operador de módulo (isto é, resto da divisão inteira). Por exemplo, 9 MOD 2 = 1. Tem a mesma precedência do operador de divisão tradicional.
^	Operador de potenciação. Por exemplo, 5 ^ 2 = 25. Tem a maior precedência entre os operadores aritméticos binários (aqueles que têm dois operandos).

Seguem exemplos do uso desses operadores matemáticos:
a) X + Y
b) 2 * NOTA
c) A * B + C
d) SOMA / N

2.6.3.7. Funções

Além das operações básicas citadas, utilizam-se nas expressões aritméticas algumas funções muito comuns na matemática. A Tabela 2.2 apresenta algumas das principais funções existentes e o resultado fornecido por cada uma delas.

Tabela 2.2. Funções numéricas, algébricas e trigonométricas.

Nome	Resultado
Abs(expressão)	Retorna o valor absoluto de uma expressão do tipo inteiro ou real.
ArcCos(expressão)	Retorna o ângulo (em radianos) cujo cosseno é representado por **expressão**.
ArcSen(expressão)	Retorna o ângulo (em radianos) cujo seno é representado por **expressão**.
ArcTan(expressão)	Retorna o ângulo (em radianos) cuja tangente é representada por **expressão**.
Cos(expressão)	Retorna o cosseno do ângulo (em radianos) representado por **expressão**.
CoTan(expressão)	Retorna a cotangente do ângulo (em radianos) representado por **expressão**.
Exp(base, expoente)	Retorna o valor de base elevado a expoente, sendo ambas as expressões do tipo real.
GraupRad(expressão)	Retorna o valor em radianos correspondente ao valor em graus representado por **expressão**.
Int(expressão)	Retorna a parte inteira do valor representado por **expressão**.
Log(expressão)	Retorna o logaritmo na base 10 do valor representado por **expressão**.
LogN(expressão)	Retorna o logaritmo neperiano (base **e**) do valor representado por **expressão**.
Pi	Retorna o valor **3.141592**.
Quad(expressão)	Retorna quadrado do valor representado por **expressão**.
RadpGrau(expressão)	Retorna o valor em graus correspondente ao valor em radianos representado por **expressão**.
RaizQ(expressão)	Retorna a raiz quadrada do valor representado por **expressão**.
Rand	Retorna um número real gerado aleatoriamente, maior ou igual a zero e menor que um.
RandI(limite)	Retorna um número inteiro gerado aleatoriamente, maior ou igual a zero e menor que limite.
Sen(expressão)	Retorna o seno do ângulo (em radianos)

Nome	Resultado
	representado por **expressão**.
Tan(expressão)	Retorna a tangente do ângulo (em radianos) representado por expressão.

O exemplo 2.3 ilustra a aplicação de algumas dessas funções numéricas, algébricas e trigonométricas:

Algoritmo "Exemplo 2.3"
// Computação Aplicada a Engenharia
// Dr. Wendell de Queiróz Lamas
// Descrição   : Aqui você descreve o que o programa faz! (função)
// Autor(a)   : Nome do(a) aluno(a)
// Data atual : 25/04/2018
Var
// Seção de Declarações das variáveis
a, b, c : real

Início
// Seção de Comandos, procedimento, funções, operadores, etc...
a <- 2
b <- 9
escreval(b - a) // será escrito 7 na tela
escreval(abs(a - b)) // também será escrito 7 na tela
c <- raizq(b) // c recebe 3, a raiz quadrada de b, que é 9
// A fórmula da área do círculo é pi (3.1416) vezes raio ao quadrado
*escreval("A área do circulo com raio " , c , " é " , pi * quad(c))*
// Um pouco de trigonometria
escreval("Um ângulo de 90 graus tem ", grauprad(90), " radianos")
escreval(exp(a,b)) // escreve 2 elevado à 9ª, que é 512
escreval(int(b / (a + c))) // escreve 1, que é a parte inteira de
*   // 1.8, resultado de 9/(3+2)*
Fimalgoritmo

A Tabela 2.3 ilustra as funções para manipulação de cadeias de caracteres (*strings*).

Tabela 2.3. Funções para manipulação de cadeias de caracteres (*strings*).

Nome	Resultado
Asc (s : caractere)	Retorna um inteiro com o código ASCII do primeiro caractere da expressão.
Carac (c : inteiro)	Retorna o caractere cujo código ASCII corresponde à expressão.

Nome	Resultado
Caracpnum (c : caractere)	Retorna o inteiro ou real representado pela expressão.
Compr (c : caractere)	Retorna um inteiro contendo o comprimento (quantidade de caracteres) da expressão.
Copia (c : caractere ; p, n : inteiro)	Retorna um valor do tipo caractere contendo uma cópia parcial da expressão, a partir do caractere p, contendo n caracteres. Os caracteres são numerados da esquerda para a direita, começando de 1.
Maiusc (c : caractere)	Retorna um valor caractere contendo a expressão em maiúsculas.
Minusc (c : caractere)	Retorna um valor caractere contendo a expressão em minúsculas.
Numpcarac (n : inteiro ou real)	Retorna um valor caractere contendo a representação de n como uma cadeia de caracteres.
Pos (subc, c : caractere)	Retorna um inteiro que indica a posição em que a cadeia subc se encontra em c, ou zero se subc não estiver contida em c.

No exemplo 2.4 observou-se algumas aplicações das funções para cadeia de caracteres:

```
Algoritmo "Exemplo 2.4"
// Computação Aplicada a Engenharia
// Dr. Wendell de Queiróz Lamas
// Descrição   : Aqui você descreve o que o programa faz! (função)
// Autor(a)    : Nome do(a) aluno(a)
// Data atual  : 25/04/2018
Var
// Seção de Declarações das variáveis
a, b, c : caractere

Inicio
// Seção de Comandos, procedimento, funções, operadores, etc...
a <- "2"
b <- "9"
escreval( b + a ) // será escrito "92" na tela
escreval( caracpnum(b) + caracpnum(a) ) // será escrito 11 na tela
escreval( numpcarac(3+3) + a ) // será escrito "62" na tela
```

c <- "Brasil"
escreval(maiusc(c)) // será escrito "BRASIL" na tela
escreval(compr(c)) // será escrito 6 na tela
b <- "O melhor do Brasil"
escreval(pos(c,b)) // será escrito 13 na tela
escreval(asc(c)) // será escrito 66 na tela - código ASCII de "B"
a <- carac(65) + carac(66) + carac(67)
escreval(a) // será escrito "ABC" na tela
Fimalgoritmo

2.6.3.8. Expressões lógicas

É possível que alguma ação durante a execução do algoritmo sujeite-se a uma determinada condição. Representa-se essa condição por uma expressão lógica. Os operadores são lógicos e os operandos são relações, constantes e/ou variáveis do tipo lógico. Relação é a comparação realizada entre dois valores do mesmo tipo básico.

A Tabela 2.4 ilustra os operadores relacionais e suas descrições.

Tabela 2.4. Operadores relacionais.

Operador	Descrição
=, <, >, <=, >=, <>	Respectivamente: igual, menor que, maior que, menor ou igual a, maior ou igual a, diferente de. Utiliza-se em expressões lógicas para se testar a relação entre dois valores do mesmo tipo. Exemplos: 3 = 3 (3 é igual a 3?) resulta em VERDADEIRO ; "A" > "B" ("A" está depois de "B" na ordem alfabética?) resulta em FALSO.

No VisualG, as comparações entre *strings* não diferenciam as letras maiúsculas das minúsculas. Assim, "ABC" é igual a "abc". Valores lógicos obedecem à seguinte ordem: FALSO < VERDADEIRO. Os operadores lógicos são conectivos que também são operadores em expressões lógicas. A Tabela 2.5 relaciona os operadores lógicos e suas descrições.

Tabela 2.5. Operadores lógicos.

Operador	Descrição
nao	Operador unário de negação. nao VERDADEIRO = FALSO, e nao FALSO = VERDADEIRO. Tem a maior precedência entre os operadores lógicos.
ou	Operador que resulta VERDADEIRO quando um dos seus operandos lógicos for verdadeiro.
e	Operador que resulta VERDADEIRO somente se seus dois operandos lógicos forem verdadeiros.
xou	Operador que resulta VERDADEIRO se seus dois

Operador	Descrição
	operandos lógicos forem diferentes e FALSO se forem iguais.

Seguem exemplos das relações e das operações lógicas:

A + B = 0 e C <> 1
TESTE ou A * B > 1

As Tabelas 2.6 a 2.8 apresentam tabelas verdade que ilustram as relações descritas na Tabela 2.5, onde **p** e **q** são proposições, **V** é verdadeiro e **F** é falso.

Tabela 2.6. Tabela verdade da função "e".

p	q	p e q
V	V	V
V	F	F
F	V	F
F	F	F

Tabela 2.7. Tabela verdade da função "ou".

p	q	p ou q
V	V	V
V	F	V
F	V	V
F	F	F

Tabela 2.8. Tabela verdade da função "não".

p	não p
V	F
F	V

A Tabela 2.9 relaciona a prioridade entre as operações descritas nas Tabelas 2.1, 2.4 e 2.5.

Tabela 2.9. Prioridade das operações.

Prioridade	Operador
1º	Aritmético
2º	Relacional
3º	não
4º	e
5º	ou

2.6.3.9. Expressões literais

São formadas por operadores literais e operandos que são constantes e/ou variáveis do tipo literal (caractere). As operações dependem muito da linguagem de programação utilizada. A Tabela 2.10 relaciona o operador de caracteres do VisualG e suas descrições.

Tabela 2.10. Operador de caracteres.

Operador	Descrição
+	Operador de concatenação de *strings* (isto é, cadeias de caracteres), quando usado com dois valores (variáveis ou constantes) do tipo "caractere". Por exemplo: "Rio " + " de Janeiro" = "Rio de Janeiro".

2.7. Estruturas de Controle

2.7.1. Estrutura sequencial

Em um algoritmo, declaram-se as variáveis primeiramente, e em seguida estão os comandos que, sem indicação do contrário, se executam sequencialmente, de cima para baixo.

Sintaxe típica:

Algoritmo "nome do algoritmo"
Var
<declaração de variáveis>
Inicio
<bloco de comandos>
Fimalgoritmo

No exemplo 2.5 ilustra-se uma estrutura sequencial para leitura de duas variáveis, o cálculo de uma expressão matemática e sua escrita na tela.

Algoritmo "Exemplo 2.5"
// Computação Aplicada a Engenharia
// Dr. Wendell de Queiróz Lamas
// Descrição   : Aqui você descreve o que o programa faz! (função)
// Autor(a)   : Nome do(a) aluno(a)
// Data atual : 25/04/2018
Var
// Seção de Declarações das variáveis
A,B,C: inteiro

Inicio
// Seção de Comandos, procedimento, funções, operadores, etc...

escreval("Entre com dois valores inteiros:")
leia (A,B)
*C <- (A + B) * B*
escreva ("Os valores lidos são:", A, " e", B, " e o calculado é", C)
Fimalgoritmo

2.7.2. Estrutura condicional

Quando a ação depender de um teste, utiliza-se a estrutura de comando "se fim se". Esses testes representam expressões lógicas que são verdadeiras ou falsas.

2.7.2.1. Estrutura condicional simples

Nesta estrutura, só se executa o bloco de comandos se a condição for verdadeira. Entenda-se por bloco de comandos um ou mais comandos.
   Sintaxe típica:

   se (<expressão-lógica>) entao
      <sequência-de-comandos>
   fimse

No exemplo 2.6 se ilustra uma estrutura condicional simples:

Algoritmo "Exemplo 2.6"
// Computação Aplicada a Engenharia
// Dr. Wendell de Queiróz Lamas
// Descrição   : Aqui você descreve o que o programa faz! (função)
// Autor(a)   : Nome do(a) aluno(a)
// Data atual : 25/04/2018
Var
// Seção de Declarações das variáveis
A, B, C: inteiro

Inicio
// Seção de Comandos, procedimento, funções, operadores, etc...
escreval("Entre com três valores inteiros:")
leia (A, B, C)
se (A + B < C) entao
   escreva ("MENSAGEM")
fimse
Fimalgoritmo

2.7.2.2. Estrutura condicional composta

Só se executa o bloco de comandos **A** se a condição for verdadeira e o bloco

de comandos **B** só será executado se a condição for falsa. Entenda-se por bloco de comandos um ou mais comandos.
Sintaxe típica:

```
se (<expressão-lógica>) entao
    <sequência-de-comandos-A>
senao
    <sequência-de-comandos-B>
fimse
```

No exemplo 2.7 ilustra-se a aplicação de uma estrutura condicional composta:

```
Algoritmo "Exemplo 2.7"
// Computação Aplicada a Engenharia
// Dr. Wendell de Queiróz Lamas
// Descrição  : Aqui você descreve o que o programa faz! (função)
// Autor(a)   : Nome do(a) aluno(a)
// Data atual : 25/04/2018
Var
// Seção de Declarações das variáveis
A, B, X: inteiro

Inicio
// Seção de Comandos, procedimento, funções, operadores, etc...
escreval("Entre com dois valores inteiros:")
leia (A, B)
se (A > B) entao
        X <- A + 2
    senao X <- B - 1
fimse
escreva ("Os números digitados são", A, " e", B, " e o calculado é", X)
Fimalgoritmo
```

2.7.3. Comando de seleção múltipla
A seleção de múltipla escolha compara um dado valor a constantes, desviando o fluxo de código para o ponto indicado pela primeira constante onde há casamento.
Sintaxe típica:
```
escolha <expressão-de-seleção>
caso <exp11>, <exp12>, ..., <exp1n>
    <sequência-de-comandos-1>
caso <exp21>, <exp22>, ..., <exp2n>
```

```
    <sequência-de-comandos-2>
    ...
outrocaso
    <sequência-de-comandos-extra>
fimescolha
```

No exemplo 2.8 ilustra-se a aplicação da seleção múltipla:

Algoritmo "Exemplo 2.8"
// Computação Aplicada a Engenharia
// Dr. Wendell de Queiróz Lamas
// Descrição   : Aqui você descreve o que o programa faz! (função)
// Autor(a)   : Nome do(a) aluno(a)
// Data atual : 25/04/2018
Var
// Seção de Declarações das variáveis
time: caractere

Início
// Seção de Comandos, procedimento, funções, operadores, etc...
escreva ("Entre com o nome de um time de futebol: ")
leia (time)
escolha time
caso "Botafogo", "Flamengo", "Fluminense", "Vasco"
* escreval ("É um time carioca.")*
caso "Corinthians", "Palmeiras", "Santos", "São Paulo"
* escreval ("É um time paulista.")*
outrocaso
* escreval ("É de outro estado.")*
fimescolha
Fimalgoritmo

2.7.4. Estruturas de repetição

A estrutura de repetição permite que se execute um bloco de comandos repetidamente até que uma determinada condição de interrupção (condição de parada) seja satisfeita.

2.7.4.1. Estrutura de repetição "enquanto"

A estrutura de repetição **enquanto** permite que se execute um bloco de comandos repetidamente até que uma determinada condição de interrupção (condição de parada) seja satisfeita.
   Sintaxe típica:

<u>enquanto</u> <expressão-lógica> <u>faca</u>
   <sequência-de-comandos>
<u>fimenquanto</u>

Essa estrutura executará o bloco de comandos um número indeterminado de vezes, até que se satisfaça a condição de parada finalizando a estrutura de repetição.

No exemplo 2.9 ilustra-se uma aplicação da estrutura de repetição **enquanto**.

<u>Algoritmo</u> "Exemplo 2.9"
// Computação Aplicada a Engenharia
// Dr. Wendell de Queiróz Lamas
// Descrição   : Aqui você descreve o que o programa faz! (função)
// Autor(a)   : Nome do(a) aluno(a)
// Data atual : 25/04/2018
<u>Var</u>
// Seção de Declarações das variáveis
i, numero, soma: inteiro

<u>Inicio</u>
// Seção de Comandos, procedimento, funções, operadores, etc...
escreval ("Escreva um número:")
leia (numero)
enquanto numero <> 0 faca
   soma <- soma + numero
   escreval ("Escreva um número:")
   leia (numero)
fimenquanto
escreva ("A soma dos números é:", soma)
<u>Fimalgoritmo</u>

Como o laço **enquanto...faca** testa sua condição de parada antes de executar sua sequência de comandos, se executará essa sequência zero ou mais vezes.

No exemplo 2.10 ilustra-se outra aplicação do laço **enquanto...faça**:

<u>Algoritmo</u> "Exemplo 2.10"
// Computação Aplicada a Engenharia
// Dr. Wendell de Queiróz Lamas
// Descrição   : Aqui você descreve o que o programa faz! (função)
// Autor(a)   : Nome do(a) aluno(a)
// Data atual : 25/04/2018

Var
// Seção de Declarações das variáveis
j: inteiro

Inicio
// Seção de Comandos, procedimento, funções, operadores, etc...
j <- 1
enquanto j <= 10 faca
    escreval (j:3)
    j <- j + 1
fimenquanto
Fimalgoritmo

2.7.4.2. Estrutura de repetição "para"

Essa estrutura executará o bloco de comandos por um número determinado de vezes, até que se satisfaça a condição de parada, assim finalizando a estrutura de repetição.

Sintaxe típica:

        para variavel <- inicio ate fim faca
            bloco de comandos
        fimpara

Opcionalmente, se substitui o símbolo de atribuição **<-** por **:=** ou pela palavra "**de**".

No exemplo 2.11 ilustra-se uma aplicação da estrutura de repetição **para**:

Algoritmo "Exemplo 2.11"
// Computação Aplicada a Engenharia
// Dr. Wendell de Queiróz Lamas
// Descrição   : Aqui você descreve o que o programa faz! (função)
// Autor(a)   : Nome do(a) aluno(a)
// Data atual : 25/04/2018
Var
// Seção de Declarações das variáveis
i, soma: inteiro

Inicio
// Seção de Comandos, procedimento, funções, operadores, etc...
para i <- 1 ate 100 faca
    soma <- soma + 1
fimpara
escreval ("A soma total é:", soma)

Fimalgoritmo

Há uma sintaxe mais completa para esse laço, incluindo a descrição de seu incremento (passo):

para <variável> de <valor-inicial> ate <valor-limite> [passo <incremento>] faca
    <sequência-de-comandos>
fimpara

No exemplo 2.12 ilustra-se uma aplicação do laço **para...faca** com sua estrutura completa.

Algoritmo "Exemplo 2.12"
// Computação Aplicada a Engenharia
// Dr. Wendell de Queiróz Lamas
// Descrição : Aqui você descreve o que o programa faz! (função)
// Autor(a) : Nome do(a) aluno(a)
// Data atual : 25/04/2018
Var
// Seção de Declarações das variáveis
j: inteiro

Inicio
// Seção de Comandos, procedimento, funções, operadores, etc...
para j <- 1 ate 10 passo 2 faca
    escreval (j:3)
fimpara
Fimalgoritmo

O exemplo 2.13 não imprime nada pela ausência do "passo":

Algoritmo "Exemplo 2.13"
// Computação Aplicada a Engenharia
// Dr. Wendell de Queiróz Lamas
// Descrição : Aqui você descreve o que o programa faz! (função)
// Autor(a) : Nome do(a) aluno(a)
// Data atual : 25/04/2018
Var
// Seção de Declarações das variáveis
j: inteiro

Inicio

// Seção de Comandos, procedimento, funções, operadores, etc...
para j <- 10 ate 1 faca
  escreval (j:3)
fimpara
Fimalgoritmo

O exemplo 2.14, no entanto, funcionará por causa do passo -1.

Algoritmo "Exemplo 2.14"
// Computação Aplicada a Engenharia
// Dr. Wendell de Queiróz Lamas
// Descrição   : Aqui você descreve o que o programa faz! (função)
// Autor(a)   : Nome do(a) aluno(a)
// Data atual : 25/04/2018
Var
// Seção de Declarações das variáveis
j: inteiro

Inicio
// Seção de Comandos, procedimento, funções, operadores, etc...
para j <- 10 ate 1 passo -1 faca
  escreval(j:3)
fimpara
Fimalgoritmo

2.7.4.3. Estrutura de repetição "repita"

Os comandos dessa estrutura se repetirão até que se satisfaça uma determinada condição de parada.
  Sintaxe típica:

repita
  <sequência-de-comandos>
ate <expressão-lógica>

Como o laço **repita...ate** testa sua condição de parada depois de executar sua sequência de comandos, se executará essa sequência uma ou mais vezes. No exemplo 2.15 ilustra-se a aplicação da estrutura de repetição "repita".

Algoritmo "Exemplo 2.15"
// Computação Aplicada a Engenharia
// Dr. Wendell de Queiróz Lamas
// Descrição   : Aqui você descreve o que o programa faz! (função)
// Autor(a)   : Nome do(a) aluno(a)

// Data atual : 25/04/2018
Var
// Seção de Declarações das variáveis
j: inteiro

Inicio
// Seção de Comandos, procedimento, funções, operadores, etc...
j <- 1
repita
    escreval (j:3)
    j <- j + 1
ate j > 10
Fimalgoritmo

2.7.4.4. Comando "interrompa"

As três estruturas de repetição (enquanto, para e repita) permitem o uso do comando interrompa, que causa uma saída imediata do laço.

Embora essa técnica esteja de certa forma em desacordo com os princípios da programação estruturada, incluiu-se o comando **interrompa** no VisualG por se encontrar menções do mesmo na literatura de introdução à programação e mesmo em linguagens como o Object Pascal (Delphi/Kylix), Clipper, VB etc.

O exemplo 2.16 ilustra o uso do comando interrompa na estrutura de repetição "repita".

Algoritmo "Exemplo 2.16"
// Computação Aplicada a Engenharia
// Dr. Wendell de Queiróz Lamas
// Descrição : Aqui você descreve o que o programa faz! (função)
// Autor(a) : Nome do(a) aluno(a)
// Data atual : 25/04/2018
Var
// Seção de Declarações das variáveis
x: inteiro

Inicio
// Seção de Comandos, procedimento, funções, operadores, etc...
x <- 0
repita
    x <- x + 1
    escreval (x:3)
    se (x = 10) entao
        interrompa

41

fimse
ate falso
Fimalgoritmo

O VisualG permite ainda uma forma alternativa do comando **repita...ate**, com a sintaxe ilustrada no exemplo 2.17.

Algoritmo "Exemplo 2.17"
// Computação Aplicada a Engenharia
// Dr. Wendell de Queiróz Lamas
// Descrição   : Aqui você descreve o que o programa faz! (função)
// Autor(a)   : Nome do(a) aluno(a)
// Data atual : 25/04/2018
Var
// Seção de Declarações das variáveis
x: inteiro

Inicio
// Seção de Comandos, procedimento, funções, operadores, etc...
x <- 0
repita
x <- x + 1
escreval(x:3)
        se (x = 10) entao
            interrompa
        fimse
fimrepita
Fimalgoritmo

Com essa sintaxe alternativa, o uso do **interrompa** é obrigatório, pois é a única maneira de se sair do laço **repita...fimrepita**; caso contrário, executa-se esse laço indeterminadamente.

2.8. Desenvolvimento do algoritmo

Parte-se de uma afirmação genérica da solução do problema e prossegue-se até o algoritmo final, aumentando sistematicamente o nível de detalhamento. Os computadores têm um conjunto muito limitado de instruções e se expressa o algoritmo nos termos dessas instruções.

Uma clara indicação de que se alcançou o fim do desenvolvimento do algoritmo é a impossibilidade de novos refinamentos e que sua execução realiza a tarefa proposta.

COMPUTAÇÃO APLICADA A ENGENHARIA

2.8.1. Metodologia de desenvolvimento de algoritmos

Passo 1: ler cuidadosamente a especificação do problema até o final.

Passo 2: se depois de ler várias vezes, ainda não entender o problema, pergunte ao professor até entender.

Passo 3: levantar e analisar todas as saídas exigidas na especificação do problema.

Passo 4: levantar e analisar todas as entradas citadas na especificação do problema.

Passo 5: verificar se é necessário gerar valores internamente ao algoritmo e levantar as variáveis necessárias e os valores iniciais de cada uma.

Passo 6: levantar e analisar todas as transformações necessárias para, dadas as entradas e dos valores gerados internamente, se produzir as saídas especificadas.

Passo 7: testar cada passo do algoritmo, verificando se as transformações intermediárias executadas conduzem aos objetivos desejados. Utilizar, sempre que possível, valores de teste que permitam a previsão dos resultados.

Passo 8: fazer uma reavaliação geral, elaborando o algoritmo final a partir da integração das partes.

Síntese dos componentes de um algoritmo:

- Declaração das variáveis;
- Inicialização das variáveis;
- Leitura dos dados;
- Cálculos intermediários;
- Escrita dos resultados.

No exemplo 2.18 ilustra-se um algoritmo com estrutura condicional composta, seguido de sua análise.

Algoritmo "Exemplo 2.18"
// Computação Aplicada a Engenharia
// Dr. Wendell de Queiróz Lamas
// Descrição : Aqui você descreve o que o programa faz! (função)
// Autor(a) : Nome do(a) aluno(a)
// Data atual : 25/04/2018
Var
// Seção de Declarações das variáveis
A,B: inteiro
X,Y: real

Início
// Seção de Comandos, procedimento, funções, operadores, etc...
escreval ("Entre com dois números: ")
leia (A,B)

se (A = B) entao
X <- 1.5
Y <- 2.5
senao X <- - 1.5
    Y <- - 2.5
fimse
escreval ("Os números são: ")
escreva (X,Y)
Fimalgoritmo

Nesse exemplo, após definidos os tipos das variáveis A, B, X e Y, leem-se os valores de A e B.

Em seguida, se o valor contido em A for igual ao valor contido em B atribuem-se a X e Y os valores 1,5 e 2,5, respectivamente.

Caso contrário, se o valor contido em A for diferente do valor contido em B atribuem-se a X e Y os valores - 1,5 e - 2,5, respectivamente.

Finalmente, escrevem-se os valores contidos em X e Y.

Como exemplo, apresenta-se o desenvolvimento de um algoritmo, utilizando-se refinamentos sucessivos, para solução do seguinte enunciado: fazer um algoritmo que leia três valores inteiros, determine e imprima o menor deles.

```
Algoritmo
      Defina os tipos das variáveis
      Leia os números
      Determine o menor número
      Escreva o menor número
fimalgoritmo
```

```
Ref. Defina os tipos das variáveis
      A, B, C, MENOR: inteiro
fim ref.
```

```
Ref. Leia os números
      escreval("Entre com três números inteiros")
      leia (A, B, C)
fim ref.
```

```
Ref. Determine o menor número
      se ((A < B) e (A < C)) entao
            MENOR <- A
            senao Determine o menor dentre B e C
      fimse
```

fim ref.

Ref. Determine o menor dentre B e C
    se (B < C) entao
        MENOR <- B
        senao MENOR <- C
    fimse
fim ref.

Ref. Escreva o menor número
    escreva ("O menor dos três números é:", MENOR)
fim ref.

Algoritmo "Exemplo 2.19"
// Computação Aplicada a Engenharia
// Dr. Wendell de Queiróz Lamas
// Descrição   : Aqui você descreve o que o programa faz! (função)
// Autor(a)   : Nome do(a) aluno(a)
// Data atual : 25/04/2018
Var
// Seção de Declarações das variáveis
A, B, C, MENOR: inteiro // Definição do tipo de variáveis

Inicio
// Seção de Comandos, procedimento, funções, operadores, etc...
escreval ("Entre com três números inteiros:")
leia (A, B, C) //Leitura dos números
// Determinação do menor valor
se (A < B) e (A < C) entao
  MENOR <- A
  senao se (B < C) entao
      MENOR <- B
      senao MENOR <- C
    fimse
fimse
// Escrita do menor número
escreval ("O menor dos três números é:", MENOR)
Fimalgoritmo

2.9. VisualG 3.0

O VisualG é um editor e interpretador de algoritmos em pseudocódigo baseado em PORTUGOL, de domínio público, desenvolvido pelos professores Antonio Carlos Nicolodi e Antonio Mannso. O mesmo pode ser obtido no SourceForge (https://sourceforge.net/projects/VisualG30/) e sua evolução pode ser acompanhada na página do aplicativo (http://VisualG3.com.br/). A Figura 2.9 ilustra a tela principal do VisualG 3.0.6.5 em tom madeira.

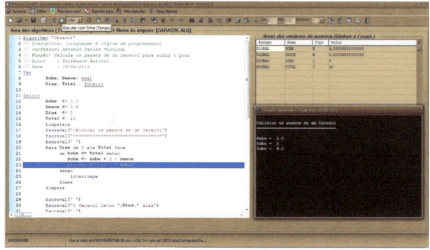

Figura 2.9. A tela principal do VisualG 3.0.

A Figura 2.10 ilustra a barra de tarefas do VisualG 3.0 e os comandos associados a ela.

Figura 2.10. A barra de tarefas do VisualG 3.0.

2.9.1. Quadro de variáveis

É uma grade na qual mostram-se o escopo de cada variável (se for do programa principal, será global; se for local, será apresentado o nome do subprograma onde a declarou), seus nomes (também com os índices, nos casos em que sejam vetores), seu tipo ("I" para inteiro, "R" para real, "C" para caractere e "L" para lógico) e o seu valor corrente.

2.10. Exercícios de Fixação

2.10.1. Estrutura sequencial

1) Fazer um algoritmo que leia o nome e o total de horas trabalhadas de um funcionário. Sabendo-se que a hora de trabalho custa R$ 8,36, calcule e escreva o salário bruto desse funcionário.

2) Fazer um algoritmo que leia o nome e o total de horas trabalhadas de um funcionário. Sabendo-se que a hora de trabalho custa R$ 8,36,

calcule o salário bruto desse funcionário e calcule e escreva o salário líquido que apresenta 8 % de desconto sobre o salário bruto.

2.10.2. Estrutura condicional

3) Fazer um algoritmo que leia o nome, o sexo, a altura e o peso de uma pessoa e escreva o nome lido se a pessoa for do sexo feminino com mais de 70 kg e no mínimo 1,75 m de altura.

4) Fazem-se as medidas da temperatura por meio de termômetros que possuem graduações, chamadas escalas termométricas, que estão em graus Celsius, Kelvin ou Fahrenheit. Sabendo-se que as relações entre essas escalas são: $K = {}^\circ C + 273$; $\dfrac{{}^\circ C}{5} = \dfrac{(F-32)}{9}$; e $\dfrac{(K-273)}{5} = \dfrac{(F-32)}{9}$, elabore um algoritmo que leia um determinado valor, identifique a escala de origem, identifique a escala de conversão e realize a conversão.

5) Uma empresa tem para um determinado funcionário uma ficha contendo o nome, número de horas trabalhadas e o número de dependentes do funcionário. Considerando que: a) a empresa paga 12 reais por hora e 40 reais por dependente; b) se desconta sobre o salário 8,5 % para o INSS e 5 % para o IR; faça um algoritmo para ler o nome, o número de horas trabalhadas e o número de dependentes de um funcionário. Após a leitura, escreva qual o nome, o salário bruto, os valores descontados para cada tipo de imposto e finalmente qual o salário líquido do funcionário.

6) Fazer um algoritmo em PORTUGOL (notação do VisualG) que leia a concentração de etanol no sangue de um número indeterminado de indivíduos (condição de parada: concentração de etanol igual a -1) e imprima a concentração, o comportamento e os sintomas de cada indivíduo, conforme a Tabela 2.11.

Tabela 2.11. Concentração de etanol no sangue.

Concentração [g/L]	Comportamento	Sintomas
Até 0,5	Sóbrio	Não há
0,5 até 1,2	Eufórico	Redução de atenção e controle
1,2 até 2,5	Agitado	Descontrole físico e emocional
2,5 até 3,0	Confuso	Tontura, perda de sensibilidade e fala embolada
3,0 até 4,0	Apático	Vômito e incontinência
4,0 até 5,0	Coma	Inconsciência e inatividade
5,0 ou mais	Morte	Parada respiratória

7) Fazer um algoritmo em PORTUGOL (notação do VisualG) que leia os dados da Tabela 2.12. A seguir, leia e identifique a substância. Após, imprima o nome da substância, sua solubilidade na água e em tetracloreto de carbono.

Tabela 2.12. Exemplos de solubilidade de algumas substâncias (Lisboa, 2010).

Substância	Solubilidade em água	Solubilidade em tetracloreto de carbono (CCl₄)
Metanol	Infinita	Praticamente insolúvel
Etanol	Infinita	Praticamente insolúvel
Gasolina	Praticamente insolúvel	Infinita
Benzeno	0,07 g/100 g de H_2O	Infinita

2.10.3. Estrutura de repetição "enquanto"

8) Fazer um algoritmo que leia um número indeterminado de pares de marcos quilométricos, em ordem crescente, que indicam a distância entre cidades. Calcule e escreva o tempo gasto para percorrer a distância entre duas cidades, sabendo-se que: t = ESP / VEL, onde t = tempo; ESP = espaço; e VEL = velocidade. O algoritmo terá como condição de parada marcos quilométricos iguais.

9) Fazer um algoritmo que leia um número indeterminado de preços de compra de produtos, calcule e escreva o total da compra e o preço médio dos produtos comprados. Condição de parada, preço de compra igual ou inferior a zero (0).

10) Fazer um algoritmo que leia um número indeterminado de médias finais de alunos, calcule e escreva a média geral da turma, a maior e a menor média da turma. Condição de parada, média final inferior a 0.

11) Fazer um algoritmo que leia um número indeterminado de informações sobre pessoas contendo o nome, o sexo, a idade e o peso, calcule e escreva as seguintes informações: a) O peso médio das pessoas do sexo masculino; b) A média das idades das pessoas do sexo feminino; c) O total de pessoas do sexo masculino e o total de pessoas do sexo feminino. Condição de parada: idade inferior ou igual a 0 (zero).

12) Fazer um algoritmo que leia um número indeterminado de pesos de pessoas, calcule e escreva o maior e o menor peso desse grupo e a média de peso dessas pessoas. Condição de parada, peso igual a 0 (zero).

13) Fazer um algoritmo que leia um número indeterminado de informações sobre alunos contendo o R.A. (Registro Acadêmico), o nome, a média final e a frequência (número de aulas assistidas), calcule e escreva o total de aprovados, o total de reprovados, a média

geral da turma (sobre a média final dos alunos) da disciplina Fundamentos da Informática, que tem carga horária de 160 h/aula, e a maior média final da turma. O aluno é considerado aprovado se alcançar média final igual ou superior a 7.0 e frequência mínima de 75 % da carga horária da disciplina. Condição de parada, R.A. igual a 0 (zero).

14) Uma companhia telefônica se interessa em saber qual foi o maior número de impulsos no mês e quantos assinantes atingiram esse valor. Sabe-se que os valores dos pulsos estão perfurados em cartões (um cartão por assinante). O último cartão contém o valor -1 e não se considerará. Os resultados fornecerão o maior número de impulsos do mês e o número de assinantes que atingiram esse valor. Faça um algoritmo para resolver esse problema.

15) Um sensor colocado na base de um reator químico colhe amostras de temperatura entre 600 °C e 900 °C, dependendo da reação envolvida. Faça um algoritmo em PORTUGOL (notação do VisualG) que leia essas informações até que o reator seja desligado ("temperatura = 0" para sensor desconectado), verifique quantas vezes registraram-se as temperaturas entre 600-700 °C (reforma a vapor do biogás), 701-800 °C (reforma a vapor do gás natural) e 801-900 °C (reforma a vapor do etanol). Após, escreva os totais de registros e à qual reação corresponde.

2.10.4. Estrutura de repetição "para"

16) Fazer um algoritmo que leia a idade de 500 pessoas, calcule e escreva o total de pessoas que sejam maiores de idade.

17) Fazer um algoritmo que leia o sexo e a idade de 750 pessoas, calcule e escreva o total de homens menores de idade e o total de mulheres maiores de idade.

18) Fazer um algoritmo que leia o sexo e o peso de 350 pessoas, calcule e escreva a média dos pesos dos homens e o total de mulheres com mais de 65 kg.

19) Fazer um algoritmo que leia o sexo, a idade, o peso e a altura de 500 pessoas, calcule e escreva: a) o total de homens maiores de idade; b) o total de mulheres, com peso entre 50 kg e 65 kg e mais de 25 anos; c) a média das alturas dos homens; d) a porcentagem de mulheres.

20) Uma universidade deseja um levantamento sobre os inscritos para o vestibular. Para tanto, solicitou o desenvolvimento de um algoritmo que leia o sexo, a idade e o curso de primeira opção desejado por esse candidato. Sabendo-se que o número de candidatos inscritos é de 4500, calcular e escrever: a) a porcentagem de candidatos inscritos no curso de Tecnologia em Processamento de Dados, sobre o total de inscritos; b) o total de pessoas do sexo feminino inscritos no curso

de Tecnologia em Processamento de Dados; c) a média de idade dos candidatos inscritos, independente da sua opção.

21) Uma empresa deseja uma pesquisa de opinião sobre a aceitação de um certo produto lançado por ela no mercado. Para isso, encomendou uma pesquisa que se realizará a respeito do produto aplicada a 5000 pessoas, onde cada pessoa responderá o seu sexo (feminino ou masculino) e sua resposta (sim ou não). Ao final da pesquisa mostrar-se-ão os resultados dos seguintes cálculos: a) total de pessoas que responderam SIM; b) total de pessoas que responderam NÃO; c) a porcentagem de pessoas do sexo FEMININO que responderam SIM; d) a porcentagem de pessoas do sexo MASCULINO que responderam NÃO.

22) Fazer um algoritmo que leia o preço de venda de 500 produtos, calcule e escreva o total de produtos que tenham preços acima de R$ 10,00 e o total de produtos com preço entre R$ 15,00 e R$ 30,00, inclusive.

23) Fazer um algoritmo que leia a altura de 450 pessoas, calcule e escreva o total de pessoas com mais de 1,65 m e a média geral das alturas das pessoas.

24) Fazer um algoritmo que leia o sexo e o peso de 350 pessoas, calcule e escreva o total de pessoas com mais de 70 kg, a média dos pesos das mulheres e o total de homens com mais de 80 kg.

2.10.5. Estrutura de repetição "repita"

25) Fazer um algoritmo que resolva o somatório a seguir:

$$S = \frac{50}{1} + \frac{49}{2} + \frac{48}{3} + \cdots + \frac{1}{50}.$$

2.10.6. Estruturas diversas

26) Fazer um algoritmo em PORTUGOL (notação do VisualG) que leia os dados da Tabela 2.13. A seguir, converta as temperaturas para a escala Kelvin (TK = T°C + 273,15) e as massas molares para kg/mol [1 kg = 1.000 g].

Tabela 2.13. Temperatura de fusão e temperatura de ebulição de substâncias (Lisboa, 2010).

Nome do composto	Temperatura de fusão [°C]	Temperatura de ebulição [°C]	Massa molar [g/mol]
Etano	- 172	- 88	30
Butano	- 138	0,5	58
Propan-1-ol	- 89,5	82	60
Pentan-1-ol	- 78	136	88

Nome do composto	Temperatura de fusão [°C]	Temperatura de ebulição [°C]	Massa molar [g/mol]
Propanal	- 81	49	58

27) Faça um programa em PORTUGOL, notação do VisualG, que leia um número indeterminado de conjuntos de três números inteiros e os coloque em ordem decrescente, apresentando na tela o resultado final. Condição de parada: os três números iguais a zero. Utilize textos informativos, estrutura condicional e estrutura de repetição.

28) Faça um programa em PORTUGOL, notação do VisualG, que receba dois números e informe apenas os números pares existentes entre eles. Utilize textos informativos, estrutura condicional e estrutura de repetição.

29) Faça um programa em PORTUGOL, notação do VisualG, que leia um número indeterminado de conjuntos de três números inteiros e os coloque em ordem crescente, apresentando na tela o resultado final. Condição de parada: os três números iguais a zero. Utilize textos informativos, estrutura condicional e estrutura de repetição.

2.11. Bibliografia

ABE, J. M. A.; SCALZITTI, A.; SILVA FILHO, J. I. Introdução à Lógica para a Ciência da Computação. São Paulo, SP: Editora Arte & Ciência, 2002.

FARRER, Harry; BECKER, Christiano G. B.; FARIA, Eduardo C.; Matos, Helton F.; SANTOS, Marcos A.; MAIA, Miriam L. Algoritmos Estruturados. 3 ed. Rio de Janeiro, RJ: Editora LTC, 1999.

GUIMARÃES, A. M.; LAGES, N. A. C. Algoritmos e Estruturas de Dados. Rio de Janeiro, RJ: Editora LTC, 1994.

LISBOA, Julio C. F. (org.) Química, 3° Ano: ensino Médio. São Paulo, SP: Edições SM, 2010.

NICOLODI, Antonio C. Manual do VisualG 3.0. **VisualG3**, 2017. Disponível em <http://manual.VisualG3.com.br/doku.php>. Acesso em: 20 abr. 2018.

TREMBLAY, J. P.; BUNT, R. B. Ciência dos Computadores: Uma Abordagem Algorítmica. São Paulo, SP: McGraw-Hill, 1983.

WIRTH, Niklaus. Algoritmo e Estrutura de Dados. Rio de Janeiro, RJ: LTC, 1989.

3 VARIÁVEIS ESTRUTURADAS: VETORES E MATRIZES

Neste capítulo se apresentarão as estruturas de dados homogêneas: unidimensionais e bidimensionais (n-dimensionais), respectivamente vetores e matrizes.

3.1. Variáveis Estruturadas

Como definido previamente, variáveis correspondem a posições de memória, às quais o programador tem acesso, por meio de um algoritmo, com o intuito de atingir resultado(s) proposto(s).

Uma variável existe a partir de sua declaração, quando, então, se associa a um nome ou identificador e a sua respectiva posição de memória por ela representada. Qualquer referência ao seu identificador significa o acesso ao conteúdo de uma única posição de memória.

Doravante tratar-se-á da forma de se acessar a conjuntos de dados agrupados segundo o algoritmo adotado para a solução de um determinado problema.

3.2. Variáveis Compostas Homogêneas

As variáveis compostas homogêneas correspondem a posições de memória, identificadas por um mesmo nome, individualizadas por índices e cujo conteúdo é de mesmo tipo.

3.2.1. Vetores

Os vetores são variáveis compostas homogêneas unidimensionais. Sua sintaxe típica é:

<lista-de-variáveis>: <u>vetor</u> "["<lista-de-intervalos>"]" <u>de</u> <tipo-de-dado>

Por exemplo, *vet: vetor [1..10] de real.*
No exemplo 3.1, preencher o arranjo M, abaixo, com o valor 2.

M					
1	2	3	4	5	6

Algoritmo "Exemplo 3.1"
// Computação Aplicada a Engenharia
// Dr. Wendell de Queiróz Lamas
// Descrição   : Aqui você descreve o que o programa faz! (função)
// Autor(a)   : Nome do(a) aluno(a)
// Data atual : 25/04/2018
Var
// Seção de Declarações das variáveis
vet: vetor [1..6] de inteiro
I: inteiro

Inicio
// Seção de Comandos, procedimento, funções, operadores, etc...
I <- 1
para I <- 1 ate 6 faca
  vet[I] <- 2
  escreval ("O conteúdo de vet[",I,"] é:", vet[I])
fimpara
Fimalgoritmo

Após a execução do algoritmo, a variável composta M ficaria assim:

M					
2	2	2	2	2	2

No exemplo 3.2, ler um conjunto de cinco elementos numéricos, armazená-los na variável A e escrevê-los.

Algoritmo "Exemplo 3.2"
// Computação Aplicada a Engenharia
// Dr. Wendell de Queiróz Lamas
// Descrição   : Aqui você descreve o que o programa faz! (função)
// Autor(a)   : Nome do(a) aluno(a)

```
// Data atual : 25/04/2018
Var
// Seção de Declarações das variáveis
A: vetor [1..5] de inteiro
I: inteiro

Início
// Seção de Comandos, procedimento, funções, operadores, etc...
I <- 1
enquanto I < 6 faca
    escreval("Digite um número:")
    leia (A[I])
    I <- I + 1
fimenquanto
escreval("Os números são: ", A[1], "", A[2], "", A[3], "", A[4], "", A[5])
Fimalgoritmo
```

No exemplo 3.3, ler uma variável de 100 elementos numéricos e verificar se existem elementos iguais a 30. Se existirem, escrever as posições em que estão armazenados.

Solução pela técnica de refinamentos sucessivos:

```
Algoritmo
    Defina tipo de variáveis
    Ler 100 números
    Verifique se existem elementos iguais a 30
fim algoritmo
```

```
Ref. Defina tipo das variáveis
var
NUMEROS: vetor[1..100] de real
I: inteiro
fim ref.
```

```
Ref. Ler 100 números
    para I <- 1 ate 100 faca
        leia (NUMEROS[I])
    fimpara
fim ref.
```

```
Ref. Verifique se existem elementos iguais a 30
    I <- 1
    enquanto I <= 100 faca
```

```
        se (NUMEROS[I] = 30) entao
            escreva (I)
        fimse
        I <- I + 1
    fimenquanto
fim ref.
```

Algoritmo "Exemplo 3.3"
// Computação Aplicada a Engenharia
// Dr. Wendell de Queiróz Lamas
// Descrição   : Aqui você descreve o que o programa faz! (função)
// Autor(a)   : Nome do(a) aluno(a)
// Data atual : 25/04/2018
Var
// Seção de Declarações das variáveis
NUMEROS: vetor[1..100] de real
I: inteiro

Inicio
// Seção de Comandos, procedimento, funções, operadores, etc...
para I <- 1 ate 100 faca
*   escreval("Digite um número:")*
*   leia (NUMEROS[I])*
fimpara
I <- 1
enquanto I <= 100 faca
*   se (NUMEROS[I] = 30) entao*
*   escreval("Encontrou-se o valor 30 na posição:", I, " do vetor")*
*   fimse*
*   I <- I + 1*
fimenquanto
Fimalgoritmo

3.2.2. Matrizes

As matrizes em computação se definem como variáveis compostas multidimensionais.

Sintaxe típica:

<lista-de-variáveis>: vetor [<lista-de-intervalos>] de <tipo-de-dado>

Exemplos:

    matriz: vetor [1..4,1..4] de inteiro
    ESCANINHO: vetor[1..4,1..3] de inteiro

LIVRO: vetor [1..4,1..3,1..2] de inteiro

De modo geral, associa-se o primeiro índice de um intervalo à linha da matriz e o segundo à identificação da coluna.

Exemplo 3.4: Dada uma matriz 4 X 4, fazer um algoritmo para ler uma matriz e escrevê-la após ter multiplicado os elementos da diagonal principal por uma constante k.

Algortimo

Defina o tipo das variáveis

Ler A[1,1] a A[4,4]

Ler K

Calcular o produto da diagonal principal por K

Escrever a nova matriz

fim algoritmo

Ref. Defina tipo de variáveis

    A: vetor [1..4,1..4] de real

    I,J,K: inteiro

fim ref.

Ref. Ler elementos da matriz 4 X 4

    para I <- 1 ate 4 faca

        para J <- 1 ate 4 faca

            leia (A[I,J])

        fimpara

    fimpara

fim ref.

Ref. Calcule o produto da diagonal principal por K

    I <- 1

    enquanto I <= 4 faca

        A[I,I] <- A[I,I] * K

        I <- I + 1

    fimenquanto

fim ref.

Ref. Escrever a nova matriz

    para I <- 1 ate 4 faca

        para J <- 1 ate 4 faca

            escreval (A[I,J])

        fimpara

    fimpara

fim ref.

```
Algoritmo "Exemplo 3.4"
// Computação Aplicada a Engenharia
// Dr. Wendell de Queiróz Lamas
// Descrição   : Aqui você descreve o que o programa faz! (função)
// Autor(a)    : Nome do(a) aluno(a)
// Data atual  : 25/04/2018
Var
// Seção de Declarações das variáveis
A: vetor [1..4,1..4] de real
I,J,K: inteiro


Inicio
// Seção de Comandos, procedimento, funções, operadores, etc...
// Leitura da matriz 4 X 4 e da constante K
para I <- 1 ate 4 faca
   para J <- 1 ate 4 faca
      escreval("Leia A[", I,",",J,"]")
      leia (A[I,J])
   fimpara
fimpara
leia (K)
// Cálculo do produto da diagonal principal por K
I <- 1
enquanto I <= 4 faca
   A[I,I] <- A[I,I] * K
   I <- I + 1
fimenquanto
// Escrever a nova matriz
para I <- 1 ate 4 faca
   para J <- 1 ate 4 faca
      escreval (A[I,J])
   fimpara
fimpara
Fimalgoritmo
```

3.3. Exercícios de Fixação

3.3.1. Vetores

1) O Instituto de Ciências Exatas da UFMG deseja saber se existem alunos cursando, simultaneamente, as disciplinas "Programação de Computadores" e "Cálculo Numérico". Existem disponíveis na unidade de entrada os números de matrícula dos alunos de "Programação de Computadores" (no máximo 150 alunos) e de

"Cálculo Numérico" (no máximo 220 alunos). Cada conjunto dos números de matrícula dos alunos de uma disciplina tem a matrícula fictícia 9999 no final. Formular um algoritmo que imprima o número de matrícula dos alunos que estão cursando essas disciplinas simultaneamente.

2) Escrever um algoritmo que faça reserva de passagens aéreas de uma companhia. Além da leitura do número dos voos e a quantidade de lugares disponíveis, ler vários pedidos de reserva, constituídos do número da carteira de identidade do cliente e do número do voo desejado. Para cada cliente, verificar se há disponibilidade no voo desejado. Em caso afirmativo, imprimir o número da identidade do cliente, e o número do voo, atualizando o número de lugares disponíveis. Caso contrário, avisar ao cliente da inexistência de lugares. Indicando o fim dos pedidos de reserva, existe um passageiro cujo número da carteira de identidade é 9999. Considerar fixo e igual a 37 o número de voos da companhia.

3) Uma grande firma deseja saber quais os três empregados mais recentes. Fazer um algoritmo em PORTUGOL para ler um número indeterminado de informações (máximo 300) contendo o número do empregado e o número de meses de trabalho desse empregado, imprimindo os três mais recentes. A última informação contém os dois números iguais a zero. Não existem dois empregados admitidos no mesmo mês.

4) Colocar em ordem crescente os valores de uma tabela unidimensional de n entradas. O tamanho da tabela e os seus valores são obtidos de cartões. A tabela original e a tabela classificada devem ser emitidas.

5) Uma certa fábrica produziu dois tipos de motores M1 e M2 nos meses de janeiro a dezembro e registrou-se o número de motores produzidos em uma tabela 12 X 2. O setor de controle de vendas tem uma tabela 2 X 2 do custo e do lucro (em unidades monetárias) obtidos com cada motor. Fazer um algoritmo que, a partir da produção mensal de motores M1 e M2 e seus respectivos custos e lucros, calcule o custo e lucro em cada um dos meses e o custo e lucro anuais.

6) Uma biblioteca tem um sistema de reserva de livros que dispõe do ISBN, nome do autor, título do livro e quantidade de exemplares disponíveis para empréstimo. Considerando que sejam 500 títulos, faça um algoritmo em PORTUGOL (notação do VisualG) que leia esses dados, monte as tabelas, realize um número indeterminado de reservas de livros pelo código do usuário e pelo título do livro, a seguir, confirme a reserva diminuindo um exemplar da quantidade de exemplares equivalente ao mesmo e informe caso não haja

exemplar disponível ou o livro no acervo. Por fim, imprima a confirmação da reserva contendo o código do usuário, o ISBN e o título do livro solicitado.

7) Um laboratório realizou um experimento para determinação da ordem de uma reação de decomposição do NO_2 a 330°. Armazenou-se esses dados em uma tabela com 360 valores de NO_2 em mol.L^{-1}, sendo que o índice dessa tabela é equivalente ao tempo que decorreu em segundos. Faça um algoritmo em PORTUGOL (notação do VisualG) que leia esses dados, monte a tabela e identifique e imprima os instantes de maior e de menor concentrações.

8) Faça um algoritmo em PORTUGOL (notação do VisualG) que leia informações contendo nome e salário de 500 funcionários de uma empresa, armazenando-as em vetores. Após construir essas estruturas, identifique o menor salário e quantas vezes o mesmo apareceu. Escreva os resultados.

9) Faça um algoritmo em PORTUGOL (notação do VisualG) que leia um vetor G de 10 posições do tipo literal, que representa o gabarito de uma prova. A seguir, para cada um dos 40 alunos da turma, leia o vetor de respostas (R) do aluno de 10 posições do tipo literal e conte o número de acertos. Mostre o número de acertos do aluno e uma mensagem APROVADO, se a nota for maior ou igual a 6; e mostre uma mensagem de REPROVADO, caso contrário.

10) Faça um programa em PORTUGOL, notação do VisualG, que leia os códigos e os números de lugares em 50 peças teatrais. O programa ainda deve efetuar um número indeterminado de reservas a partir da leitura do CPF e do código da peça, que pode existir ou não no banco de dados, assim como a disponibilidade de lugares. O CPF igual a zero é a condição de parada. Utilize textos informativos, estrutura condicional e estrutura de repetição.

11) Faça um programa em PORTUGOL, notação do VisualG, que carregue um vetor de seis elementos numéricos inteiros, calcule e mostre: a) A quantidade de números pares; b) Quais os números pares; c) A quantidade de números ímpares; d) Quais os números ímpares. Utilize textos informativos, estrutura condicional e estrutura de repetição.

12) Faça um programa em PORTUGOL, notação do VisualG, para cadastrar um conjunto de 15 registros contendo o nome da loja, telefone e preço de um eletrodoméstico e possibilite exibir qual foi a média dos preços cadastrados e uma relação contendo o nome e o telefone das lojas cujo preço estava abaixo da média. Utilize textos informativos, estrutura condicional e estrutura de repetição.

3.3.2. Matrizes

13) Dada uma tabela de 4 X 5 elementos, calcular a soma de cada linha e a soma de todos os elementos.

14) Faça um algoritmo que receba: um vetor com o nome de cinco cidades diferentes; uma matriz 5 X 5 com a distância entre as cidades, sendo que na diagonal principal se coloca automaticamente a distância zero, ou seja, não se permite digitação. Depois, calcule e mostre: os percursos que não ultrapassam 250 km (os percursos se compõem pelos nomes das cidades de origem e pelos nomes das cidades de destino); o consumo de um veículo, ou seja, quantos quilômetros o veículo faz por litro de combustível e mostre um relatório com a quantidade de combustível necessária para percorrer cada percurso citando o mesmo (nome da cidade de origem e nome da cidade de destino); a maior distância e em que percurso se encontra (nome da cidade de origem e da cidade de destino).

15) Sabendo-se que, a multiplicação de matrizes quadradas, em matemática, é o resultado da multiplicação das linhas da primeira matriz pelas colunas da segunda matriz, conforme exemplo abaixo, faça um algoritmo em PORTUGOL (notação do VisualG) que leia duas matrizes 3x3, faça a sua multiplicação, crie uma nova matriz e imprima o resultado final.

$$A \cdot B = \begin{bmatrix} a_{1,1} & a_{1,2} \\ a_{2,1} & a_{2,2} \end{bmatrix} \cdot \begin{bmatrix} b_{1,1} & b_{1,2} \\ b_{2,1} & b_{2,2} \end{bmatrix} = \begin{bmatrix} a_{1,1} \cdot b_{1,1} + a_{1,2} \cdot b_{2,1} & a_{1,1} \cdot b_{1,2} + a_{1,2} \cdot b_{2,2} \\ a_{2,1} \cdot b_{1,1} + a_{2,2} \cdot b_{2,1} & a_{2,1} \cdot b_{1,2} + a_{2,2} \cdot b_{2,2} \end{bmatrix}$$

16) Sabendo-se que, matriz transposta, em matemática, é o resultado da troca de linhas por colunas em uma determinada matriz e que o determinante de uma matriz é dado por:

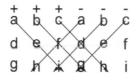

aei + bfg + cdh - afh - bdi - ceg ,

faça um algoritmo PORTUGOL (notação do VisualG) que leia uma matriz 4x4, calcule sua transposta e a multiplique pela determinante de uma matriz 3x3, que também se lerá. Após, imprima o resultado final.

17) Na Tabela 3.1, têm-se os valores das temperaturas dos pontos de fusão e de ebulição do oxigênio, do fenol e do pentano. Faça um

algoritmo em PORTUGOL (notação do VisualG) que construa uma matriz 3 X 2 com esses valores, converta-os para a escala Kelvin (TK = T°C + 273,15) e construa uma nova matriz com os valores calculados.

Tabela 3.1. Temperaturas dos pontos de fusão e de ebulição do oxigênio, do fenol e do pentano.

Substância	Ponto de Fusão (°C)	Ponto de Ebulição (°C)
Oxigênio	- 218,4	- 183
Fenol	43	182
Pentano	- 130	36,1

18) Sabendo-se que, a multiplicação de matrizes quadradas, em matemática, é o resultado da multiplicação das linhas da primeira matriz pelas colunas da segunda matriz, conforme exemplo abaixo, e que se o resultado da multiplicação for uma matriz identidade, uma é a inversa da outra, faça um algoritmo em PORTUGOL (notação do VisualG) que leia duas matrizes 3x3, faça a sua multiplicação, crie uma nova matriz, verifique se esse resultado é uma matriz identidade e imprima o resultado final, destacando se são inversas ou não.

$$A \cdot B = \begin{bmatrix} a_{1,1} & a_{1,2} \\ a_{2,1} & a_{2,2} \end{bmatrix} \cdot \begin{bmatrix} b_{1,1} & b_{1,2} \\ b_{2,1} & b_{2,2} \end{bmatrix} = \begin{bmatrix} a_{1,1} \cdot b_{1,1} + a_{1,2} \cdot b_{2,1} & a_{1,1} \cdot b_{1,2} + a_{1,2} \cdot b_{2,2} \\ a_{2,1} \cdot b_{1,1} + a_{2,2} \cdot b_{2,1} & a_{2,1} \cdot b_{1,2} + a_{2,2} \cdot b_{2,2} \end{bmatrix}$$

19) Sejam as matrizes: $A = (a_{i,j})_{4x3}$, $a_{i,j} = j*i$ e $B = (b_{i,j})_{3x4}$, $b_{i,j} = j*i$. Seja C a matriz resultante do produto entre A e B. Faça um algoritmo em PORTUGOL (notação do VisualG) que crie as matrizes e calcule o elemento $c_{2,3}$ da matriz C (Não é necessário encontrar todos os resultados. Basta procurar o elemento $c_{2,3}$ da matriz C que é calculado pela operação da 2ª linha de A com a 3ª coluna de B).

20) Sabendo-se que uma matriz é simétrica se e somente se ela for igual à sua transposta, que por sua vez se define pela transformação das linhas em colunas, faça um algoritmo em PORTUGOL (notação do VisualG) que leia duas matrizes 4x4 e as compare, verificando se são ou não simétricas, imprimindo sua condição.

21) Faça um programa em PORTUGOL, notação do VisualG, para ler uma matriz 4x3 composta por números reais e imprimir a soma dos elementos de uma linha L fornecida pelo usuário. Essa operação deve ocorrer por um número indeterminado de vezes até o usuário sinalizar a parada. Utilize textos informativos, estrutura condicional e estrutura de repetição.

22) Faça um programa em PORTUGOL, notação do VisualG, para ler uma matriz 4x3 composta por números reais e imprimir a soma dos elementos de uma coluna C fornecida pelo usuário. Essa operação deve ocorrer por um número indeterminado de vezes até o usuário sinalizar a parada. Utilize textos informativos, estrutura condicional e estrutura de repetição.

23) Sabendo-se que se faz a multiplicação de matrizes pela multiplicação das linhas de uma matriz pelas colunas da outra, faça um programa em PORTUGOL, notação do VisualG, para multiplicar duas matrizes, uma 3x2 e outra 2x3, cujos valores devem ser lidos previamente. Utilize textos informativos em todas as entradas e em todas as saídas de dados e estrutura de repetição.

24) Diz-se que uma matriz quadrada A é invertível quando existe outra matriz denotada A^{-1} tal que $A^{-1} . A = I$ e $A . A^{-1} = I$, onde I é a matriz identidade (diagonal principal com termos iguais a 1 e demais iguais a 0). Faça um algoritmo em pseudocódigo, notação do VisualG, que leia um número indeterminado de matrizes 3x3 e encontre sua inversa, respeitando a relação mencionada e ilustrada no exemplo abaixo, escrevendo resultado final na tela. Lembre-se que para multiplicar matrizes, multiplicam-se as linhas de uma matriz pelas colunas da outra matriz. A condição de parada da leitura das matrizes é o valor da primeira célula igual a 9999. Utilize textos informativos e estrutura de repetição.

$$\underbrace{\begin{bmatrix} 2 & 1 \\ 4 & 3 \end{bmatrix}}_{A} . \underbrace{\begin{bmatrix} a & b \\ c & d \end{bmatrix}}_{A^{-1}} = \underbrace{\begin{bmatrix} 1 & 0 \\ 0 & 1 \end{bmatrix}}_{I} \rightarrow \begin{cases} 2a + c = 1 \\ 2b + d = 0 \\ 4a + 3c = 0 \\ 4b + 3d = 1 \end{cases} \rightarrow A^{-1} = \begin{bmatrix} 3 & -1 \\ \frac{3}{2} & \frac{-1}{2} \\ -2 & 1 \end{bmatrix}$$

25) Faça um algoritmo em pseudocódigo, notação do VisualG, que leia uma matriz 5x5 e gere outra em que cada elemento é o cubo do elemento respectivo na matriz original. Imprima a matriz original, a nova matriz e o elemento do meio dessa nova matriz. Utilize textos informativos e estrutura de repetição.

3.4. Bibliografia

ABE, J. M. A.; SCALZITTI, A.; SILVA FILHO, J. I. Introdução à Lógica para a Ciência da Computação. São Paulo, SP: Editora Arte & Ciência, 2002.

FARRER, Harry; BECKER, Christiano G. B.; FARIA, Eduardo C.; Matos, Helton F.; SANTOS, Marcos A.; MAIA, Miriam L. Algoritmos Estruturados. 3 ed. Rio de Janeiro, RJ: Editora LTC, 1999.

GUIMARÃES, A. M.; LAGES, N. A. C. Algoritmos e Estruturas de Dados. Rio de

Janeiro, RJ: Editora LTC, 1994.

LISBOA, Julio C. F. (org.) Química, 3° Ano: ensino Médio. São Paulo, SP: Edições SM, 2010.

NICOLODI, Antonio C. Manual do VisualG 3.0. **VisualG3**, 2017. Disponível em <http://manual.VisualG3.com.br/doku.php>. Acesso em: 20 abr. 2018.

TREMBLAY, J. P.; BUNT, R. B. Ciência dos Computadores: Uma Abordagem Algorítmica. São Paulo, SP: McGraw-Hill, 1983.

WIRTH, Niklaus. Algoritmo e Estrutura de Dados. Rio de Janeiro, RJ: LTC, 1989.

4 ENTRADA E SAÍDA

Neste capítulo descrevem-se as funções de entrada e saída de dados para seus respectivos formatos por meio da aplicação das variáveis compostas heterogêneas (registros).

4.1. Variáveis Compostas Heterogêneas

As variáveis compostas heterogêneas compõem-se dos registros que, por definição, são conjuntos de dados logicamente relacionados, mas de tipos diferentes (numérico, literal, lógico).

O conceito de registro facilita o agrupamento de variáveis que não são do mesmo tipo, mas que guardam estreita relação lógica.

Os registros correspondem a conjuntos de posições de memória conhecidos por um mesmo nome e individualizados por identificadores associados a cada conjunto de posições.

O registro é o caso mais geral de variável composta na qual os elementos do conjunto não são, necessariamente, homogêneos ou do mesmo tipo, constituindo-se por componentes.

Na variável composta homogênea, a individualização de um elemento se faz por meio de índices, já no registro individualiza-se cada componente pela explicitação de seu identificador.

Embora o VisualG ainda disponibilize o uso de registros, segue uma notação adaptada do ALGOL.

Indica-se a referência ao conteúdo de um dado componente do registro pela notação: <identificador do registro.identificador do componente>.

Sintaxe típica:

> <lista-de-identificadores>: vetor [li..ls] de registro
> inicio
> <lista-de-identificadores>: tipo

fimregistro
Exemplo 4.1: Declaração do conjunto de dados (registro) "alunos".

Var
alunos: vetor [1..50] de registro
inicio
nome: caractere
CPF: inteiro
RG: inteiro
datas_de_nascimento: caractere
coeficientes_de_rendimento: real
fimregistro

Exemplo 4.2: Declaração do conjunto de dados "cadastro".

Var
CADASTRO: vetor [1..100] de registro
inicio
NOME, RUA: caractere
NUMERO, CEP, CPF: inteiro
SEXO: caractere
HT: vetor [1..3] de real
NASCIMENTO: inteiro
TEMDEP: lógico
fimregistro

Exemplo 4.3: Declare o registro CAD que contenha: nome, endereço, CPF, sexo, horas trabalhadas, data de nascimento e se tem dependentes, onde o endereço é um registro contendo o nome da rua, o número e o código de endereçamento postal. Horas trabalhadas é um arranjo numérico de três elementos e tem dependentes é uma variável lógica.

Var
CAD: vetor [1..100] de registro
inicio
NOME: caractere
ENDERECO
CPF: inteiro
SEXO: caractere
HT: vetor[1..3] de real
NASCIMENTO: inteiro
TEMDEP: lógico
fimregistro

ENDERECO: vetor [1..100] de registro
início
RUA: caractere
NUMERO, CEP: inteiro
fimregistro

No caso de estruturas complexas, quando na declaração do registro se encontra outro registro, o acesso aos elementos se faz hierarquicamente. Primeiro, mencionam-se os registros mais externos, depois os mais internos e, finalmente, o identificador do componente.

Faz-se o acesso ao componente CEP do registro declarado por meio da menção ao nome do registro mais externo, o CAD, passando pelo ENDERECO e finalizando com o identificador do componente, CEP. CAD.ENDERECO.CEP

4.2. Conjuntos de Registros

É possível se ter conjuntos de registros referenciáveis por um mesmo nome e individualizados por índices.

Considerando-se o registro de uma mercadoria de uma loja, o conjunto de mercadorias da loja se agruparia em uma variável composta heterogênea MERCADORIAS, onde cada elemento desse conjunto é um registro constituído por quatro componentes (CODIGO, NOME, PRECO e ESTOQUE).

A referência ao i-ésimo elemento ou registro do conjunto se faz pela seguinte notação:

<identificador da variável[i].identificador do registro.identificador do componente>

A declaração de conjuntos de registros tem a seguinte sintaxe:

lista-de-identificadores[Li1..Ls1, Li2..Ls2, ..., Lin..Lsn]: registro
(identificador ou descrição do registro)

Exemplo 4.4: Declarar a estrutura de dados representada pela Figura 4.1.

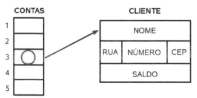

Figura 4.1. Estrutura de dados representativa de um registro hipotético.

Var
CONTAS: vetor [1..5] de registro
inicio
CLIENTE
fimregistro
CLIENTE: vetor[1..5] de registro
inicio
NOME, RUA: caractere
NUMERO, CEP: inteiro
SALDO: real
fimregistro

Ou

Var
CONTAS: vetor [1..5] de registro
inicio
NOME, RUA: caractere
NUMERO, CEP: inteiro
SALDO: real
fimregistro

Exemplo 4.5: Escrever um algoritmo que, dados 500 CÓDIGOS DE PROFISSÃO (fornecidos em 500 linhas), emitir o NOME das profissões correspondentes, obtidas de uma tabela com 100 profissões lidas previamente.

Algoritmo
Defina o tipo das variáveis
Forme a tabela de profissões
Identifique o código
Escreva o nome da profissão
Fim algoritmo

Ref. Defina tipo das variáveis
TABELA: vetor [1..100] de registro
inicio
CODIGO: inteiro
NOME: caractere
fimregistro
CODIGODESEJADO, I, K: inteiro
fim ref.

Ref. Forme a tabela de profissões
para I <- 1 ate 100 faca
escreval ("Entre com o código da profissão: ")
leia (TABELA[I].CODIGO)
escreval ("Entre com o nome da profissão: ")
leia (TABELA[I].NOME)
fimpara
fim ref.

Ref. Identifique o código
K <- 1
repita
se (K > 500) entao
interrompa
fimse
escreval ("Entre com o código que deseja consultar")
leia (CODIGODESEJADO)
Escreva o nome da profissão
K <- K + 1
fimrepita
fimref.

Ref. **Escreva o nome da profissão**
I <- 0
repita
I <- I + 1
se (TABELA[I].CODIGO = CODIGODESEJADO) ou (I = 100) entao
interrompa
fimse
fimrepita
se (TABELA[I].CODIGO = CODIGODESEJADO) entao
escreval ("O código", CODIGODESEJADO, " corresponde à profissão de:", TABELA[I].NOME)
senao
escreval ("O código é inválido")
fimse
fimref.

Algoritmo "Exemplo 4.5"
// Computação Aplicada a Engenharia
// Dr. Wendell de Queiróz Lamas
// Descrição   : Aqui você descreve o que o programa faz! (função)
// Autor(a)   : Nome do(a) aluno(a)

```
// Data atual : 25/04/2018
Var
// Seção de Declarações das variáveis
TABELA: vetor [1..100] de registro
inicio
CODIGO: inteiro
NOME: caractere
fimregistro
CODIGODESEJADO, I, K: inteiro

Inicio
// Seção de Comandos, procedimento, funções, operadores, etc...
// Formação da tabela de profissões
para I <- 1 ate 100 faca
      escreval ("Entre com o código da profissão: ")
      leia (TABELA[I].CODIGO)
      escreval ("Entre com o nome da profissão: ")
      leia (TABELA[I].NOME)
fimpara
// Identificação do código
K <- 1
repita
      se (K > 500) entao
            interrompa
      fimse
      escreval ("Entre com o código que deseja consultar")
      leia (CODIGODESEJADO)
      // Escrita do nome da profissão
      I <- 0
      repita
            I <- I + 1
            se (TABELA[I].CODIGO = CODIGODESEJADO) ou
            (I = 100) entao
                  interrompa
            fimse
      fimrepita
      se (TABELA[I].CODIGO = CODIGODESEJADO) entao
            escreval ("O código ", CODIGODESEJADO, "corresponde à
      profissão de: ", TABELA[I].NOME)
            senao
            escreval ("O código é inválido")
      fimse
      // Fim de escrita do nome da profissão
```

$K <- K + 1$
fimrepita
Fimalgoritmo

4.3. Arquivos

Arquivo é um conjunto de registros armazenados em um dispositivo de memória secundário.

Registro é um conjunto de unidades de informação logicamente relacionadas.

Cada unidade de informação constitui um campo do registro.

Sintaxe típica: <u>arquivo</u> <nome-de-arquivo>

4.3.1. Comando Arquivo

Muitas vezes é necessário repetir os testes de um programa com uma série igual de dados. Para casos como esse, o VisualG permite o armazenamento de dados em um arquivo-texto, obtendo deles os dados ao executar o comando leia.

Essa característica funciona da seguinte maneira:

1) Se não existir o arquivo com nome especificado, o VisualG fará uma leitura de dados a partir da digitação, armazenando os dados lidos nesse arquivo, na ordem em que forem fornecidos.

2) Se o arquivo existir, o VisualG obterá os dados desse arquivo até chegar ao seu fim. Daí em diante, fará as leituras de dados por meio da digitação.

3) Somente um comando arquivo pode ser empregado em cada pseudocódigo, e ele estará na seção de declarações (dependendo do "sucesso" dessa característica, em futuras versões, é possível seu aprimoramento).

4) Caso não seja fornecido um caminho, o VisualG procurará esse arquivo na pasta de trabalho corrente (geralmente, é a pasta onde o programa VISUALG.EXE está). Esse comando não prevê uma extensão padrão; portanto, a especificação do nome do arquivo será completa, inclusive com sua extensão (por exemplo, .txt, .dat etc.).

A sintaxe do comando é: **arquivo "<nome-de-arquivo>"**, onde: <nome-de-arquivo> é uma constante do tipo básico caractere (entre aspas duplas).

O exemplo 4.6 ilustra a entrada de dados a partir de um arquivo externo chamado teste.txt.

Algoritmo "Exemplo 4.6"
// Computação Aplicada a Engenharia
// Dr. Wendell de Queiróz Lamas
// Descrição   : Aqui você descreve o que o programa faz! (função)

// *Autor(a)   : Nome do(a) aluno(a)*
// *Data atual : 25/04/2018*
arquivo "teste.txt"

Var
// *Seção de Declarações das variáveis*
x,y: inteiro

Inicio
// *Seção de Comandos, procedimento, funções, operadores, etc...*
para x <- 1 ate 5 faca
  leia (y)
fimpara
Fimalgoritmo

Exemplo 4.7: Declarar a estrutura de dados representada pela Figura 4.2.

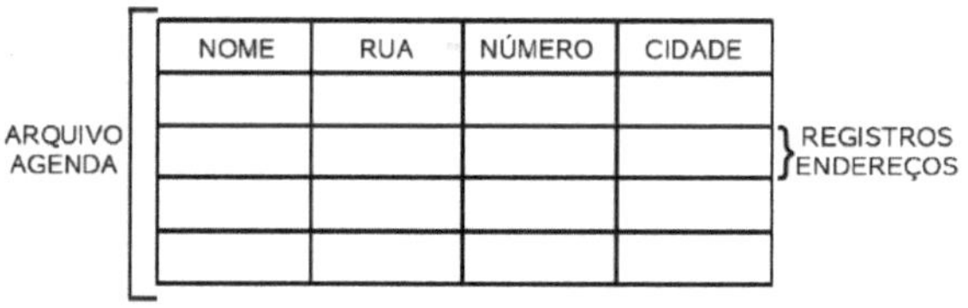

Figura 4.2. Estrutura de dados representativa de um arquivo hipotético.

arquivo "AGENDA.txt"
Var
ENDERECO: vetor [1..100] de registro
inicio
NOME, RUA: caractere
NUMERO: inteiro
CIDADE: caractere
fimregistro

O exemplo 4.8 ilustra a declaração do conjunto de dados referente ao arquivo NOTAS.txt.

Algoritmo "Exemplo 4.8"
// *Computação Aplicada a Engenharia*
// *Dr. Wendell de Queiróz Lamas*
// *Descrição   : Aqui você descreve o que o programa faz! (função)*
// *Autor(a)   : Nome do(a) aluno(a)*
// *Data atual : 25/04/2018*
arquivo "NOTAS.txt"

Var
// Seção de Declarações das variáveis
DADOS: vetor [1..100] de registro
inicio
MATRICULA: inteiro
NOMEALUNO: caractere
NOTATOTAL: real
fimregistro

Inicio
// Seção de Comandos, procedimento, funções, operadores, etc...
...   {operações em registros}
Fimalgoritmo

4.4. Exercícios de Fixação

1) Em certo município, vários proprietários de imóveis estão em atraso com o pagamento do imposto predial. Desenvolver um algoritmo que calcule e escreva o valor da multa que esses proprietários pagarão, considerando que: a) Os dados de cada imóvel: identificação (literal), valor do imposto e número de meses em atraso estão a disposição em uma unidade de entrada; b) Calculam-se as multas a partir do valor do imposto e de acordo com os valores: até R$ 50, 1%; de R$ 51 a R$ 180, 2%; de R$ 181 a R$ 500, 4%; R$ 501 a R$ 1200, 7%; a partir de R$ 1201, 10%.

2) Escrever um algoritmo para criar um arquivo sequencial, com dados de uma agenda, sendo que se lerão os dados a partir de um teclado. O registro de entrada do arquivo possui os seguintes campos: nome, telefone, logradouro, número, cidade e estado.

3) Uma companhia diminuiu sua folha de pagamentos. Para tal, criou um arquivo, a partir do arquivo cadastro da empresa, com todos os funcionários que recebam mais de 30 salários mínimos. Sabendo-se que os registros possuem os campos nome do funcionário, cargo e salário, escrever um algoritmo para criar o arquivo pedido.

4) Uma empresa dispõe em um arquivo o cadastro de seus funcionários, dispostos em um registro contendo as seguintes informações: nome, código de identificação, cargo, formação, endereço, número, CEP, salário base e horas extras. A formação é um registro que contém curso técnico, graduação e pós-graduação. Cada elemento tem seus campos preenchidos com as informações sim ou não e seu preenchimento equivale a um adicional de 25 %, 50 % e 75 % do salário base, respectivamente. Representam-se as horas extras por um vetor contendo os elementos: normal, noturno, sábado e domingo, sendo que as horas extras equivalem a 100 %,

200 %, 150 % e 200 %, respectivamente, da hora normal de trabalho. Elabore um algoritmo que represente a folha de pagamento da empresa contendo código, nome, salário base, maior formação, adicionais por formação, total de horas extras, salário bruto, descontos (8,5 % para INSS e 5 % para IR) e salário líquido de cada funcionário, gravando em um novo arquivo. Indicam-se o fim do registro por FDA.

5) Uma pessoa cadastrou um conjunto de 15 registros contendo o nome da loja, o telefone e o preço de um eletrodoméstico. Desenvolver um algoritmo em PORTUGOL (notação do VisualG) que permita exibir qual foi a média dos preços cadastrados e uma relação contendo o nome e o telefone das lojas cujo preço estava abaixo da média.

6) Faça um algoritmo em PORTUGOL (notação do VisualG) que leia um conjunto de dados representando produtos vendidos (no máximo 100), onde cada entrada de dados contém: número do pedido, número do produto e quantidade vendida. Parar essa leitura quando lido –1 no número do pedido. Em seguida leia a tabela de preços (no máximo 100), contendo número do pedido e preço unitário. Parar essa leitura quando lido –1 no número do pedido. Imprima o relatório abaixo ordenado por número de pedido. Pesquisa-se o preço unitário de cada produto na tabela de preços. Para os produtos que não estiverem na tabela de preços se imprimirá a mensagem: "PRODUTO INEXISTENTE" no local do preço unitário. Utilize texto informativo para todas as entradas e saídas de dados e estruturas condicionais e de repetição.

Número Pedido	Número Produto	Quantidade Vendida	Preço Unitário	Total
XXXXXX	XXXXXX	999	999999,99	999999,99
XXXXXX	XXXXXX	999	999999,99	999999,99
......	......	999	999999,99	999999,99
XXXXXX	XXXXXX	999	999999,99	999999,99

7) Crie o conjunto de dados REGPAG a partir da estrutura abaixo. Com base em REGPAG, elabore um algoritmo em PORTUGOL, notação do VisualG, que preencha a estrutura de dados com as informações dos funcionários de uma empresa. Ler-se-ão os dados pessoais de cada funcionário, assim como as horas trabalhadas, sendo que o salário se calcula como a média dos salários mensais (R$ 25,00 por hora de trabalho) e o FGTS se calcula com base no desconto mensal equivalente a 8 % do salário, até que o último

funcionário tenha a palavra vazio no campo nome. Grave em um arquivo um novo registro contendo o CPF do funcionário, o salário bruto anual, o quanto se recolheu de FGTS no ano, o desconto total do INSS (equivalente a 8 % do salário) e o quanto recolheu de IRPF na fonte (sendo as seguintes faixas para os descontos mensais: até R$ 1.710,78 é isento; de R$ 1.710,79 até R$ 2.563,91 desconta 7,5 %; de R$ 2.563,92 até R$ 3.418,59 desconta 15 %; de R$ 3.418,60 até R$ 4.271,59 desconta 22,5 % e acima de R$ 4.271,59 desconta 27,5 %). Utilize texto informativo para todas as entradas e saídas de dados e estruturas condicionais e de repetição.

NOME					
CPF			IDENTIDADE		
HORAS TRABALHADAS NO SEMESTRE					
1	2	3	4	5	6
7	8	9	10	11	12
SALÁRIO					
FGTS NOS TRIMESTRES					
1,1			1,2		
2,1			2,2		

8) Faça um algoritmo em PORTUGOL, notação do VisualG, que leia um conjunto de dados contendo: matrícula, nome e endereço de 500 funcionários de uma empresa. Em seguida leia outro conjunto de dados contendo: matrícula e número de dependentes de todos os empregados. Todos os empregados possuem dependentes. Colocar em ordem crescente de matrícula cada um desses dois conjuntos de dados e gerar um terceiro, resultante, contendo: matrícula, nome e número de dependentes. Imprimir esse conjunto de dados resultante ordenado decrescentemente por número de dependentes. Utilize texto informativo para todas as entradas e saídas de dados e estruturas condicionais e de repetição.

9) Uma determinada biblioteca possui obras de ciências exatas, humanas e biológicas, totalizando 1.500 volumes, distribuídos em cada uma das áreas. O proprietário agrupou as informações de cada livro no seguinte registro: código de catalogação; doação (S/N); nome da obra; nome do autor; editora; área. Construir um algoritmo em PORTUGOL, notação VisualG, que leia as informações do conjunto de dados e permita ao usuário fazer consulta às informações cadastradas fornecendo o seu código de identificação individual, o código de catalogação e a área. Existindo tal livro,

exibem-se as informações, caso contrário enviar mensagem de aviso. A consulta se repete até que o usuário digite código finalizador -1. Utilize texto informativo para todas as entradas e saídas de dados e estruturas condicionais e de repetição.

10) Uma empresa fez uma pesquisa para saber se as pessoas gostaram ou não de um de seus novos produtos lançado no mercado. Para isso, coletou e organizou em um conjunto de dados: o sexo do entrevistado ("M" ou "F"), sua idade e sua resposta ("S" ou "N"). Sabendo-se que se entrevistou 1.000 pessoas, elabore um algoritmo em PORTUGOL, notação de VisualG, para calcular e informar: o número de pessoas que responderam "sim"; o número de pessoas que responderam "não"; quantas pessoas maiores de 18 anos gostaram do produto; quantas pessoas menores de 18 anos não gostaram do produto; quantas pessoas maiores de 18 anos, do sexo feminino, não gostaram do produto; quantas pessoas menores de 18 anos, do sexo masculino, gostaram do produto. Utilize texto informativo para todas as entradas e saídas de dados e estruturas condicionais e de repetição.

11) Faça um programa em PORTUGOL, notação do VisualG, que leia um conjuntos de dados contendo 50 registros de carros, constituídos por cor, placa, números do chassi e do motor e marca. Um usuário tem uma lista contendo a placa e o total de multas aplicadas a um número indeterminado de carros. O mesmo pretende verificar se os veículos constam do registro inicial. Caso afirmativo, imprimir os dados do veículo, constantes do registro, mais o valor da multa. Condição de parada placa igual a -1. Utilize textos informativos, estrutura condicional e estrutura de repetição.

12) Faça um programa em PORTUGOL, notação do VisualG, que leia um conjuntos de dados contendo 50 registros de carros, constituídos por cor, placa, números do chassi e do motor e marca. Um usuário tem uma lista contendo a placa e os números do chassi e do motor de um número indeterminado de carros. O mesmo pretende verificar se os veículos constam do registro inicial. Após a consulta, criar um arquivo com os dados do veículo, constantes do registro, mais as palavras regular (caso todos os dados coincidam), irregular (caso pelo menos um dos dados não coincida) e ausente (se nenhum dos dados coincidirem). Condição de parada placa igual a -1. Utilize textos informativos, estrutura condicional e estrutura de repetição.

13) Crie em PORTUGOL, notação do VisualG, uma estrutura de registros para armazenar um conjunto de dados de doadores de sangue. Faça exibir na tela os nomes, idades e tipo sanguíneo, incluindo o fator Rh, dos doadores que atendam à condição de o doador ter mais de 18 anos e menos de 55 e ser do tipo sanguíneo

"A" e fator Rh "-". Considere o número de doadores como 1000. Utilize textos informativos, estrutura condicional e estrutura de repetição.

14) Uma livraria tem um sistema de livros que dispõe do ISBN, nome do autor, título do livro, gênero do livro, preço de compra e quantidade de exemplares disponíveis para venda. Considerando que sejam 1000 títulos, faça um algoritmo em pseudocódigo (notação do VisualG) que leia esse conjunto de dados, monte um novo registro incluindo preço de venda ao consumidor (preço de compra + 30 % de lucro + 17 % de ICMS), realize um número indeterminado de vendas de livros pela identidade do usuário (9999 nesse campo indica fim do processamento) e pelo título do livro, a seguir, confirme a reserva diminuindo um exemplar da quantidade de exemplares equivalente ao mesmo e informe caso não haja exemplar disponível ou o livro no acervo. Por fim, imprima a confirmação da venda contendo a identidade do usuário, o ISBN, o título do livro solicitado e o preço de venda. Utilize textos informativos, estrutura condicional, estrutura de repetição e função para cálculo do preço de venda que confirme o percentual de lucro antes de realizar a venda.

15) Escrever um algoritmo em pseudocódigo, notação do VisualG, que faça a reserva de passagens aéreas de uma companhia e contabilize o seu pagamento. Além da leitura de um conjunto de dados de tamanho indeterminado, no máximo 100, composto do número dos voos, da quantidade de lugares disponíveis e do preço de compra da passagem pela companhia, ler vários pedidos de reserva, constituídos do número da carteira de identidade do cliente e do número do voo desejado. Para cada cliente, verificar se há disponibilidade no voo desejado. Em caso afirmativo, imprimir o número da identidade do cliente, o número do voo e o preço de venda ao consumidor, atualizando o número de lugares disponíveis e emitindo o boleto para pagamento. Caso contrário, avisar ao cliente da inexistência de lugares. Indicando o fim dos pedidos de reserva, existe um passageiro cujo número da carteira de identidade é 9999. Utilize textos informativos, estrutura condicional, estrutura de repetição e uma função para calcular o preço de venda ao consumidor (preço de compra + 30 % de lucro + 5 % de ISS).

16) Escrever um algoritmo em pseudocódigo, notação do VisualG, que a partir de um conjunto de dados de substâncias calcule a quantidade de combustível necessário para aquecê-la até atingir o estado de ebulição. Monte uma tabela com dez combustíveis contendo o nome do combustível e o seu poder calorífico inferior (PCI) [kJ/kg]. O conjunto de dados de substâncias (quantidade indeterminada, porém inferior a 50) conterá nome da substância, calor específico (c)

[kJ/kg.K], temperatura de ebulição (T) [K] e densidade específica (d) [kg/L]. Considere como temperatura inicial (T_0) 25 °C [298,15 K]. O programa solicitará o volume da substância (V) a se vaporizar [L]. Se calcula a massa da substância (m) pela relação $m = d \cdot V$ e a quantidade de calor necessário (Q) [kJ] pela relação $Q = m \cdot c \cdot \Delta t$, onde $\Delta t = T - T_0$. A seguir, calcula-se a massa de combustível $m_c = \frac{Q}{PCI}$. O usuário consultará indeterminadamente o banco de dados indicando a substância e o combustível desejados. A consulta se encerrará com sustância igual a 0. Ao final de cada consulta, escreva uma tabela contendo nome da substância, Q, mc, V, c, T, T0 e d. Utilize textos informativos, estrutura condicional, estrutura de repetição e uma função para cada uma das equações apresentadas.

4.5. Bibliografia

ABE, J. M. A.; SCALZITTI, A.; SILVA FILHO, J. I. Introdução à Lógica para a Ciência da Computação. São Paulo, SP: Editora Arte & Ciência, 2002.

FARRER, Harry; BECKER, Christiano G. B.; FARIA, Eduardo C.; Matos, Helton F.; SANTOS, Marcos A.; MAIA, Miriam L. Algoritmos Estruturados. 3 ed. Rio de Janeiro, RJ: Editora LTC, 1999.

GUIMARÃES, A. M.; LAGES, N. A. C. Algoritmos e Estruturas de Dados. Rio de Janeiro, RJ: Editora LTC, 1994.

NICOLODI, Antonio C. Manual do VisualG 3.0. **VisualG3**, 2017. Disponível em <http://manual.VisualG3.com.br/doku.php>. Acesso em: 20 abr. 2018.

TREMBLAY, J. P.; BUNT, R. B. Ciência dos Computadores: Uma Abordagem Algorítmica. São Paulo, SP: McGraw-Hill, 1983.

WIRTH, Niklaus. Algoritmo e Estrutura de Dados. Rio de Janeiro, RJ: LTC, 1989.

5 ESCOPO DE VARIÁVEIS

Neste capítulo, definem-se as variáveis globais e locais, além dos parâmetros formais e dos atuais, assim como sua importância na modularização de um programa computacional.

5.1. Escopo de Variáveis

O escopo é o conjunto de regras que determinam o uso e a validade de variáveis nas diversas partes do programa.

Diz-se que um módulo é externo a outro, quando o segundo faz parte do primeiro. Nesse sentido, uma variável declarada em um módulo é *global* para todos os módulos internos e é *local* para o próprio módulo.

É possível ter diversos módulos aninhados, conforme mostra a Figura 5.1.

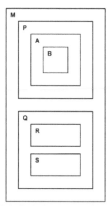

Figura 5.1. Aninhamento de módulos.

Define-se a relação entre esses módulos em níveis. A Tabela 5.1 ilustra esses níveis.

Tabela 5.1. Níveis do aninhamento.

nível	módulo
0	M
1	P, Q
2	A, R, S
3	B

A Tabela 5.2 ilustra as relações entre os módulos.

Tabela 5.2. Relações entre os módulos.

P e Q são internos a M	M é externo a P e Q
A é interno a P	P é externo a A
B é interno a A	A é externo a B
R e S são internos a Q	Q é externo a R e S

Conforme ilustrado nas relações entre módulos, uma variável declarada dentro de um módulo só é conhecida dentro desse módulo.

5.2. Variáveis Globais

Variáveis globais são aquelas declaradas fora de todas as funções do programa.

Todas as funções do programa as conhecem e as alteram se for necessário.

Quando uma função tem uma variável local com o mesmo nome de uma variável global a função dará preferência à variável local.

Exemplo 5.1:

```
inteiro z,k;
func1 (...)
{
inteiro x,y;
...
}
func2 (...)
{
inteiro x,y,z;
...
z=10;
...
}
principal
{
inteiro count;
...
```

}

5.3. Variáveis Locais

Variáveis locais são aquelas que só têm validade dentro do módulo no qual se declaram.

Declaram-se variáveis dentro de qualquer bloco (módulo).

Até agora só se viram variáveis locais para funções completas.

Mas é possível a um comando ter variáveis locais que não se conhecerão fora dali.

A declaração de variáveis locais é a primeira coisa que se coloca em um módulo.

A característica que torna as variáveis locais tão importantes é justamente a de serem exclusivas do módulo.

Pode-se ter quantos módulos se quiser com uma variável local chamada x, por exemplo, e elas não apresentarão conflito entre elas.

Exemplo 5.2:

```
funcao1 (...)
Início
inteiro abc,x;
...
Fim.
funcaq (...)
Início
inteiro abc;
...
Fim.
inteiro principal ()
Início
inteiro a,x,y;
para (...)
{
    real a,b,c;
    ...
}
...
Fim.
```

Se uma variável *A* declarada em um módulo já o tenha sido com o mesmo nome em um módulo mais externo, a variável ativa no módulo é aquela declarada localmente. A variável *A* deixa de ser global para aquele módulo.

Os exemplos 5.3 a 5.6, a seguir, ilustram variáveis locais, globais e escopo de variáveis. **Eles são meramente ilustrativos e não funcionam no**

VisualG.

Exemplo 5.3:

> _Algoritmo_ _"Exemplo 5.3"_
> // Computação Aplicada a Engenharia
> // Dr. Wendell de Queiróz Lamas
> // Descrição   : Aqui você descreve o que o programa faz! (função)
> // Autor(a)   : Nome do(a) aluno(a)
> // Data atual : 25/04/2018
> _Var_
> // Seção de Declarações das variáveis
> I, J: inteiro
>
> _Inicio_
> // Seção de Comandos, procedimento, funções, operadores, etc...
> leia(I)
> $J <- I \wedge 2$
> início
>   X: real
> $X <- J + 1$
>   escreva(X)
> fim
> leia(J)
> $I <- I * J$
> _Fimalgoritmo_

No exemplo 5.3, I e J são variáveis globais e X é uma variável local ao módulo interno.

Exemplo 5.4:

> _Algoritmo_ _"Exemplo 5.4"_
> // Computação Aplicada a Engenharia
> // Dr. Wendell de Queiróz Lamas
> // Descrição   : Aqui você descreve o que o programa faz! (função)
> // Autor(a)   : Nome do(a) aluno(a)
> // Data atual : 25/04/2018
> _Var_
> // Seção de Declarações das variáveis
> I, J: inteiro
>
> _Inicio_
> // Seção de Comandos, procedimento, funções, operadores, etc...
> leia(I)

```
I <- I ^ 2
inicio
    X, I: real
    X <- J + 1
    escreva(X)
fim
leia(J)
I <- I * J
Fimalgoritmo
```

No exemplo 5.4, *I* deixa de ser global por se declarar (com o mesmo nome) no módulo interno. Na verdade, é como se fosse uma nova variável *I'*.

Para ilustrar como é possível economizar memória, utilizando o conceito de módulo, se considera o problema de trocar conteúdos de duas variáveis entre si. A seguir, mostra-se a troca como se faz e a nova versão utilizando módulo.

Exemplo 5.5:

```
Algoritmo "Exemplo 5.5"
// sem módulo interno

// Computação Aplicada a Engenharia
// Dr. Wendell de Queiróz Lamas
// Descrição   : Aqui você descreve o que o programa faz! (função)
// Autor(a)    : Nome do(a) aluno(a)
// Data atual  : 25/04/2018
Var
// Seção de Declarações das variáveis
AUX, A, B: inteiro

Inicio
// Seção de Comandos, procedimento, funções, operadores, etc...
leia(A,B)
AUX <- A
A <- B
B <- AUX
escreva(A,B)
Fimalgoritmo
```

Exemplo 5.6:

```
Algoritmo "Exemplo 5.6"
```

83

// com módulo interno

// Computação Aplicada a Engenharia
// Dr. Wendell de Queiróz Lamas
// Descrição   : Aqui você descreve o que o programa faz! (função)
// Autor(a)   : Nome do(a) aluno(a)
// Data atual : 25/04/2018
Var
// Seção de Declarações das variáveis
A, B: inteiro

Início
// Seção de Comandos, procedimento, funções, operadores, etc...
leia(A,B)
início
    AUX: inteiro
    AUX <- A
    A <- B
    B <- AUX
  fim
escreva(A,B)
Fimalgoritmo

A vantagem da segunda solução é que só se aloca a variável *AUX* no instante da troca. Isso se torna mais relevante em um contexto onde a troca é eventual, ou seja, que se realiza ou não, dependendo de algum teste.

5.4. Parâmetros Formais
Parâmetros formais são aqueles declarados como sendo as entradas de uma função.

Não há motivo para se preocupar com o escopo deles, pois o parâmetro formal é uma variável local da função.

Também é possível alterar o valor de um parâmetro formal, pois tal alteração não terá efeito na variável que se passou à função.

Isso tem sentido, pois quando a linguagem de programação passa parâmetros para uma função, passam apenas cópias das variáveis.

Isto é, os parâmetros formais existem independentemente das variáveis que se passou para a função.

Eles tomam apenas uma cópia dos valores passados para a função.

5.5. Parâmetros Atuais
É a lista de objetos que substituirão os parâmetros formais durante a execução de um procedimento ou de uma função.

Os parâmetros atuais concordam em número, ordem e tipo com os parâmetros formais.

5.6. Bibliografia

ABE, J. M. A.; SCALZITTI, A.; SILVA FILHO, J. I. Introdução à Lógica para a Ciência da Computação. São Paulo, SP: Editora Arte & Ciência, 2002.

FARRER, Harry; BECKER, Christiano G. B.; FARIA, Eduardo C.; Matos, Helton F.; SANTOS, Marcos A.; MAIA, Miriam L. Algoritmos Estruturados. 3 ed. Rio de Janeiro, RJ: Editora LTC, 1999.

GUIMARÃES, A. M.; LAGES, N. A. C. Algoritmos e Estruturas de Dados. Rio de Janeiro, RJ: Editora LTC, 1994.

NICOLODI, Antonio C. Manual do VisualG 3.0. **VisualG3**, 2017. Disponível em <http://manual.VisualG3.com.br/doku.php>. Acesso em: 20 abr. 2018.

TREMBLAY, J. P.; BUNT, R. B. Ciência dos Computadores: Uma Abordagem Algorítmica. São Paulo, SP: McGraw-Hill, 1983.

WIRTH, Niklaus. Algoritmo e Estrutura de Dados. Rio de Janeiro, RJ: LTC, 1989.

6 SUBPROGRAMAS: FUNÇÕES

Neste capítulo define-se a modularização, atentando-se para características da função principal e dos procedimentos e das funções definidas pelo usuário, com destaque para a definição de argumentos de transmissão de dados e das funções de funções.

6.1. Modularização

A programação estruturada é hoje o resultado de uma série de estudos e propostas de disciplinas e metodologias para o desenvolvimento de programas computacionais.

Conceitos associados como técnica de refinamentos sucessivos e modularização de programas integram o ferramental para a elaboração de programas visando, principalmente, os aspectos de confiabilidade, legibilidade, manutenabilidade e flexibilidade.

Podem-se reunir as ideias da programação estruturada em três grupos:

- Desenvolvimento de algoritmos por fases ou refinamentos sucessivos;
- Uso de um número muito limitado de estruturas de controle;
- Transformação de certos refinamentos sucessivos em módulos.

Quando se desenvolve um algoritmo por meio de refinamentos sucessivos, faz-se uma opção pela divisão do algoritmo; esse procedimento conduz à modularização da solução do problema.

Um módulo é, então, um grupo de comandos, constituindo um trecho de algoritmo, com uma função bem definida e o mais independente possível em relação ao resto do algoritmo.

Assim sendo, ao se elaborar um algoritmo para calcular o salário líquido de um empregado, têm-se as seguintes etapas:

Algoritmo
    Leia os dados do funcionário
    Determine o salário
    Escreva o salário
fimalgoritmo

O comando "determine o salário" pode ser refinado como a seguir:

Ref. Determinar o salário
    Calcule as vantagens
    Calcule as deduções
    SALÁRIOLÍQUIDO <- VANTAGENS – DEDUÇÕES
fimref.

Na elaboração do refinamento anterior, não houve preocupação em como seriam realizados os processos de cálculo das vantagens e das deduções.

Essas ações constituem funções bem definidas no algoritmo e que módulos específicos as executarão.

Ref. Determine o salário
    Ative o módulo "Cálculo das vantagens"
    Ative o módulo "Cálculo das deduções"
    SALÁRIOLÍQUIDO <- VANTAGENS – DEDUÇÕES
fimref.

Os módulos seriam:

módulo {Cálculo das vantagens}
    Calcule as vantagens
fimmódulo

módulo {Cálculo das deduções}
    Calcule as deduções
fimmódulo

Algoritmo
    Leia os dados do funcionário
    Ative o módulo "Cálculo das vantagens"
    Ative o módulo "Cálculo das deduções"
    SALÁRIOLÍQUIDO <- VANTAGENS – DEDUÇÕES
    escreva SALÁRIOLÍQUIDO
fimalgoritmo

módulo {Cálculo das vantagens}
    SALÁRIOBRUTO <- NHORAS * SALÁRIOHORA
    SALÁRIOFAMÍLIA <- NFILHOS * VALORPORFILHO
    VANTAGENS <- SALÁRIOBRUTO + SALÁRIOFAMÍLIA
fimmódulo

módulo {Cálculo das deduções}
    INSS <- SALÁRIOBRUTO * 0,08
    IRPF <- SALÁRIOBRUTO * TAXA
    DEDUÇÕES <- INSS + IRPF
fimmódulo

A Figura 6.1 ilustra a relação entre o módulo principal e os módulos para cálculo das vantagens e das deduções.

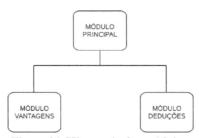

Figura 6.1. Hierarquia dos módulos.

A maneira mais intuitiva de proceder à modularização de problemas é pela definição de um módulo principal de controle e de módulos específicos para as funções do algoritmo.

No diagrama da Figura 6.1, o módulo principal tem a função de receber os dados, escrever os resultados e exercer o controle na execução das funções do algoritmo.

Enquanto que se delega a módulos específicos a determinação das vantagens e das deduções.

6.1.1. Ferramentas para modularização

As sub-rotinas e as funções se definem como módulos de programação que servem basicamente a três objetivos:

- Evitar que se escreva certa sequência de comandos necessária em vários locais de um algoritmo repetidamente nesses locais;
- Dividir e estruturar um algoritmo em partes fechadas e logicamente coerentes;
- Aumentar a legibilidade de um algoritmo.

A Figura 6.2 ilustra o relacionamento entre as sub-rotinas e as funções dispostas hierarquicamente.

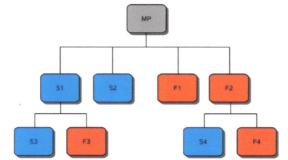

Figura 6.2. Diagrama hierárquico das sub-rotinas e das funções.

A notação algorítmica equivalente ao diagrama da Figura 8.2 seria:

Algoritmo (MP)
sub-rotina S1
    sub-rotina S3
      ...
    fimsub-rotina
    função F3
      ...
    fimfunção
fimsub-rotina
sub-rotina S2
  ...
fimsub-rotina
função F1
  ...
fimfunção
função F2
    sub-rotina S4
      ...
    fimsub-rotina
    função F4
      ...
    fimfunção
fimfunção
fimalgoritmo

6.2. Sub-rotina

Subprograma é um programa auxiliar do programa principal que age por meio da realização de uma subtarefa pré- determinada. Também é conhecido pelos nomes de procedimento, método, módulo ou sub-rotina.

Chamam-se os subprogramas como se fossem comandos constituintes do corpo do programa principal. Após seu término, a execução retorna ao ponto de onde o chamou e continua a partir dali. Em síntese, a chamada de um subprograma apenas gera um desvio provisório no fluxo normal de execução.

Cada subprograma, além de acessar às variáveis globais do programa que o chamou, pode ter as suas próprias variáveis locais, que existirão somente durante sua chamada.

Também é possível transferir a um subprograma determinadas informações que recebem o nome de parâmetros, que são valores que ficam entre os parênteses e são separados por vírgulas. A quantidade dos parâmetros, sua sequência e seus respectivos tipos não mudam, pois devem estar de acordo com o especificado em suas declarações.

Criam-se os subprogramas pela sua descrição após a declaração das variáveis e antes do corpo do programa principal. O VisualG possibilita declaração e chamada de subprogramas nos moldes da linguagem Pascal, ou seja, procedimentos e funções com passagem de parâmetros por valor ou referência.

A chamada de uma sub-rotina, também conhecida por procedimento, se faz com uma referência a seu nome e a indicação dos parâmetros atuais no local do algoritmo onde se ativará a sub-rotina, ou seja, onde se iniciará sua execução.

Em VisualG, o procedimento é um subprograma que não retorna qualquer valor (corresponde ao comando *procedure* do Pascal). Sua declaração obrigatoriamente estará entre o final da declaração de variáveis e a linha de "início" do programa principal.

Sintaxe típica:

procedimento <nome-de-procedimento> [(<sequência-de-declarações-de-parâmetros>)]
// Seção de Declarações Internas
inicio
// Seção de Comandos
fimprocedimento

O **<nome-de-procedimento>** obedece às mesmas regras de nomenclatura das variáveis. Por outro lado, a **<sequência-de-declarações-de-parâmetros>** é uma sequência de **[var] <sequência-de-parâmetros>: <tipo-de-dado>** separadas por ponto e vírgula. A presença (opcional) da palavra-chave **var** indica passagem de parâmetros por referência; caso contrário, a passagem será por valor.

Por sua vez, **<sequência-de-parâmetros>** é uma sequência de nomes de parâmetros que também obedecem à mesma regra de nomenclatura de variáveis e são separados por vírgulas.

De modo análogo ao programa principal, a seção de declarações internas começa com a palavra-chave **var** e continua com a seguinte sintaxe: **<lista-de-variáveis>: <tipo-de-dado>**.

Nos próximos exemplos, a partir de um subprograma soma, se calculará a soma entre os valores 4 e –9 (ou seja, se obterá o resultado 13) que o programa principal apresentará na tela em seguida.

No primeiro caso, exemplo 6.1, um procedimento sem parâmetros utiliza uma variável local **aux** para armazenar provisoriamente o resultado desse cálculo (evidentemente, essa variável é desnecessária, mas está aí apenas para ilustrar o exemplo), antes de atribuí-lo à variável global **res**.

Algoritmo "Exemplo 6.1"
// Computação Aplicada a Engenharia
// Dr. Wendell de Queiróz Lamas
// Descrição : Aqui você descreve o que o programa faz! (função)
// Autor(a) : Nome do(a) aluno(a)
// Data atual : 25/04/2018
Var
// Seção de Declarações das variáveis
n,m,res: inteiro
procedimento soma
var aux: inteiro
inicio
// n, m e res são variáveis globais
aux <- n + m
res <- aux
fimprocedimento

Inicio
// Seção de Comandos, procedimento, funções, operadores, etc...
n <- 4
m <- -9
soma
escreva("A soma dos números é:",res)
Fimalgoritmo

É possível se executar a mesma tarefa por meio de um procedimento com parâmetros, como descrito no exemplo 6.2.

Algoritmo "Exemplo 6.2"
// Computação Aplicada a Engenharia
// Dr. Wendell de Queiróz Lamas

```
// Descrição  : Aqui você descreve o que o programa faz! (função)
// Autor(a)   : Nome do(a) aluno(a)
// Data atual  : 26/04/2018
Var
// Seção de Declarações das variáveis
n,m,res: inteiro
procedimento soma (var x,y: inteiro)
inicio
// res é variável global
res <- x + y
fimprocedimento

Inicio
// Seção de Comandos, procedimento, funções, operadores, etc...
n <- 4
m <- -9
soma(n,m)
escreva(res)
Fimalgoritmo
```

A passagem de parâmetros do exemplo acima se chama **passagem por valor**. Neste caso, o subprograma simplesmente recebe um valor que utiliza durante sua execução. Durante essa execução, os parâmetros passados por valor são análogos às suas variáveis locais, mas com uma única diferença: receberam um valor inicial no momento em que se chamou o subprograma.

O exemplo 6.3.a ordena três valores distintos.

```
Algoritmo "Exemplo 6.3.a"
// Computação Aplicada a Engenharia
// Dr. Wendell de Queiróz Lamas
// Descrição  : Aqui você descreve o que o programa faz! (função)
// Autor(a)   : Nome do(a) aluno(a)
// Data atual  : 26/04/2018
Var
// Seção de Declarações das variáveis
AUXILIAR, L, M, N: real

Inicio
// Seção de Comandos, procedimento, funções, operadores, etc...
/ Leitura dos números
escreval("Entre três valores:")
leia (L, M, N)
se ((L > M) ou (L > N)) entao
```

```
se (M < N) entao
   AUXILIAR <- L
   L <- M
   M <- AUXILIAR
senao
   AUXILIAR <- L
   L <- N
   N <- AUXILIAR
fimse
fimse
se (M > N) entao
   AUXILIAR <- M
   M <- N
   N <- AUXILIAR
fimse
// Escrita dos resultados
escreval("Os três valores em ordem são: ")
escreva (L, M, N)
Fimalgoritmo
```

Exemplo 6.3 com sub-rotina: ordenar três valores distintos com subrotina.

```
Algoritmo "Exemplo 6.3.b"
// Computação Aplicada a Engenharia
// Dr. Wendell de Queiróz Lamas
// Descrição   : Aqui você descreve o que o programa faz! (função)
// Autor(a)    : Nome do(a) aluno(a)
// Data atual  : 26/04/2018
Var
// Seção de Declarações das variáveis
L, M, N: real
// Declaração da sub-rotina TROCA
procedimento TROCA(var A,B: real)
var AUX: real
inicio
AUX <- A
A <- B
B <- AUX
fimprocedimento

Inicio
// Seção de Comandos, procedimento, funções, operadores, etc...
```

```
// Leitura dos números
escreval("Entre três valores:")
leia (L, M, N)
se ((L > M) ou (L > N)) entao
   se (M < N) entao
      TROCA(L,M)
   senao
      TROCA(L,N)
   fimse
fimse
se (M > N) entao
   TROCA(M,N)
fimse
// Escrita dos resultados
escreval("Os três valores em ordem são: ")
escreva (L, M, N)
Fimalgoritmo
```

O exemplo 6.4 apresenta um procedimento para o cálculo da área de um triângulo.

```
Algoritmo "Exemplo 6.4"
// Computação Aplicada a Engenharia
// Dr. Wendell de Queiróz Lamas
// Descrição   : Aqui você descreve o que o programa faz! (função)
// Autor(a)    : Nome do(a) aluno(a)
// Data atual  : 26/04/2018
Var
// Seção de Declarações das variáveis
altura, base, area : real // declaração das variáveis globais
procedimento ptriangulo (var h,b,ar : real) // declaração do procedimento
inicio
ar <- (b*h)/2 // instruções
fimprocedimento

Inicio
// Seção de Comandos, procedimento, funções, operadores, etc...
escreval ("Digite o valor da base: ")
leia (base)
escreval ("Digite o valor da altura: ")
leia (altura)
ptriangulo(altura,base, area) // chamada ao procedimento
escreval(area," m")
```

Fimalgoritmo

6.3. Função

Há um caso particular de subprograma que recebe o nome de função. Uma função, além de executar uma determinada tarefa, retorna um valor para quem a chamou, que é o resultado da sua execução. Por esse motivo, a chamada de uma função aparece no corpo do programa principal como uma expressão e não como um comando.

As funções, embora bastante semelhantes às sub-rotinas, têm a característica especial de retornar ao algoritmo que as chamou um valor associado ao nome da função.

A utilização de funções no algoritmo, como por exemplo, fatorial, ou qualquer outra função especial, se faz pela declaração de uma função.

A declaração de uma função é idêntica à de uma sub-rotina, com exceção de que é necessário o seu tipo, ou seja, o tipo do valor que se retornará ao programa principal.

Em VisualG, função é um subprograma que retorna um valor (corresponde ao *function* do Pascal). De modo análogo aos procedimentos, se faz sua declaração entre o final da declaração de variáveis e a linha de início do programa principal.

Sintaxe típica:

> funcao <nome-de-função> [(<seqüência-de-declarações-de-parâmetros>)]: <tipo-de-dado>
> // Seção de Declarações Internas
> inicio
> // Seção de Comandos
> fimfuncao

O **<nome-de-função>** obedece às mesmas regras de nomenclatura das variáveis. Por outro lado, a **<sequência-de-declarações-de-parâmetros>** é uma sequência de **[var]** **<seqüência-de-parâmetros>: <tipo-de-dado>** separadas por ponto e vírgula. A presença (opcional) da palavra-chave **var** indica passagem de parâmetros por referência; caso contrário, a passagem será por valor.

Por sua vez, **<sequência-de-parâmetros>** é uma sequência de nomes de parâmetros (também obedecem a mesma regra de nomenclatura de variáveis) separados por vírgulas.

O valor retornado pela função será do tipo especificado na sua declaração (logo após os dois pontos). Em alguma parte da função (de modo geral, no seu final), esse valor retorna por meio do comando **retorne**.

De modo análogo ao programa principal, a seção de declaração interna começa com a palavra-chave **var** e continua com a seguinte sintaxe: **<lista-**

de-variáveis> : <tipo-de-dado>.

Voltando aos exemplos 6.1 e 6.2, no qual se calcula e se imprime a soma entre os valores 4 e –9, mostrar-se-á a forma de fazê-lo por meio de uma função sem parâmetros. Ela também utiliza uma variável local **aux** para armazenar provisoriamente o resultado desse cálculo, antes de atribuí-lo à variável global **res**, exemplo 6.5.

```
Algoritmo "Exemplo 6.5"
// Computação Aplicada a Engenharia
// Dr. Wendell de Queiróz Lamas
// Descrição   : Aqui você descreve o que o programa faz! (função)
// Autor(a)    : Nome do(a) aluno(a)
// Data atual  : 26/04/2018
Var
// Seção de Declarações das variáveis
n,m,res: inteiro
funcao soma: inteiro
var aux: inteiro
inicio
// n, m e res são variáveis globais
aux <- n + m
retorne aux
fimfuncao

Inicio
// Seção de Comandos, procedimento, funções, operadores, etc...
n <- 4
m <- -9
res <- soma
escreva("O resultado é:", res)
Fimalgoritmo
```

É possível realizar essa mesma tarefa com uma função com parâmetros passados por valor, exemplo 6.6.

```
Algoritmo "Exemplo 6.6"
// Computação Aplicada a Engenharia
// Dr. Wendell de Queiróz Lamas
// Descrição   : Aqui você descreve o que o programa faz! (função)
// Autor(a)    : Nome do(a) aluno(a)
// Data atual  : 26/04/2018
Var
// Seção de Declarações das variáveis
```

n,m,res: inteiro
funcao soma (x,y: inteiro): inteiro
inicio
retorne x + y
fimfuncao

Inicio
// Seção de Comandos, procedimento, funções, operadores, etc...
n <- 4
m <- -9
res <- soma(n,m)
escreva("O resultado é:", res)
Fimalgoritmo

Exemplo 6.7: Escrever um algoritmo que leia as medidas dos três lados a, b e c de um paralelepípedo (Figura 6.3), calcule e escreva o valor de sua diagonal.

Figura 6.3. Medidas de um paralelepípedo.

Para solução do exemplo 6.7, consideram-se as relações $L = \sqrt{a^2 + b^2}$ e $D = \sqrt{L^2 + c^2}$.

Algoritmo "Exemplo 6.7"
// Computação Aplicada a Engenharia
// Dr. Wendell de Queiróz Lamas
// Descrição   : Aqui você descreve o que o programa faz! (função)
// Autor(a)   : Nome do(a) aluno(a)
// Data atual : 26/04/2018
Var
// Seção de Declarações das variáveis
A,B,C,D: real
// Definição da função que calcula a hipotenusa
funcao HIPOTENUSA(A,B: real): real
var HIPO: real
inicio
HIPO <- raizq(A^2 + B^2)
retorne HIPO
fimfuncao

Inicio
// Seção de Comandos, procedimento, funções, operadores, etc...
// Leitura das dimensões do paralelepípedo
leia (A,B,C)
// Cálculo do valor da diagonal do paralelepípedo
D <- HIPOTENUSA(HIPOTENUSA(A,B),C)
// Escrita do valor da diagonal do paralelepípedo
escreva (D)
Fimalgoritmo

6.3.1. Passagem de parâmetros por referência

Há ainda outra forma de passagem de parâmetros para subprogramas: é a passagem por referência. Nesse caso, o subprograma não recebe apenas um valor, mas sim o endereço de uma variável global. Portanto, qualquer modificação que se realizar no conteúdo desse parâmetro afetará também a variável global que se associa a ele. Durante a execução do subprograma, os parâmetros passados por referência são análogos às variáveis globais. No VisualG, de forma análoga ao Pascal, essa passagem se faz pela palavra **var** na declaração do parâmetro.

Voltando aos exemplos 6.1, 6.2, 6.5 e 6.6, o procedimento do exemplo 6.8 realiza a mesma tarefa utilizando passagem de parâmetros por referência.

Algoritmo "Exemplo 6.8"
// Computação Aplicada a Engenharia
// Dr. Wendell de Queiróz Lamas
// Descrição   : Aqui você descreve o que o programa faz! (função)
// Autor(a)   : Nome do(a) aluno(a)
// Data atual : 26/04/2018
Var
// Seção de Declarações das variáveis
n,m,res: real
procedimento soma (x,y: inteiro; var result: inteiro)
inicio
result <- x + y
fimprocedimento

Inicio
// Seção de Comandos, procedimento, funções, operadores, etc...
n <- 4
m <- -9
soma(n,m,res)
escreva("O resultado é:", res)
Fimalgoritmo

6.3.2. Recursão e aninhamento

A atual versão do VisualG permite recursão, isto é, a possibilidade de que um subprograma chame a si mesmo. A função do exemplo 6.9 calcula recursivamente o fatorial do número inteiro que recebe como parâmetro.

Algoritmo "Exemplo 6.9"
// Computação Aplicada a Engenharia
// Dr. Wendell de Queiróz Lamas
// Descrição   : Aqui você descreve o que o programa faz! (função)
// Autor(a)   : Nome do(a) aluno(a)
// Data atual : 26/04/2018
Var
// Seção de Declarações das variáveis
x: inteiro
funcao fatorial (v: inteiro): inteiro
inicio
se v <= 2 entao
retorne v
senao
retorne v * fatorial(v-1)
fimse
fimfuncao

Inicio
// Seção de Comandos, procedimento, funções, operadores, etc...
escreval("Entre com um número inteiro:")
leia(x)
escreval("O fatorial de", x, " é:", fatorial(x))
Fimalgoritmo

Em Pascal, permite-se o aninhamento de subprogramas, isto é, é possível que cada subprograma também tenha seus próprios subprogramas. No entanto, essa característica dificulta a elaboração dos compiladores e, na prática, não é muito importante. Por esse motivo, não se permite esse recurso na maioria das linguagens de programação, como C, por exemplo, e o VisualG também não a implementa.

6.4. Exemplo de Aplicação com Registros em VisualG

O exemplo 6.10 é uma ótima aplicação da utilização de registros no VisualG. Esse mesmo exemplo, além de registros, apresenta a utilização de procedimentos junto a essa estrutura de dados.

Algoritmo "Exemplo 6.10"

```
// Algoritmo BUBBLESORT Usando Registros
// Disciplina  :  [Linguagem e Lógica de Programação]
// Professor   : Antonio Carlos Nicolodi
// Função      : Demonstração para o programa VisuAlg 3.03
// Autor       : Claudio Morgado de Souza
// Data        : 27/02/2007 / 2018

const
  MAX_ITENS = 10

tipo
  tdados = registro
    codigo: inteiro
    nome: caractere
  fimregistro

Var
// Seção de Declarações das variáveis
  dados : vetor[1..MAX_ITENS] de tdados

procedimento leituradosdados
var i: inteiro
inicio
  // Caso você mesmo queira digitar os valores, comente as linhas
  // aleatorio on e aleatorio off abaixo
  aleatorio on
  para i de 1 ate MAX_ITENS faca
    escreva("Digite o codigo do ",i,"o registro:")
    leia(dados[i].codigo)
    escreva("Digite o nome do ",i,"o registro:")
    leia(dados[i].nome)
  fimpara
  aleatorio off
fimprocedimento

procedimento ordenapornome
var a,b: inteiro
  temp: tdados
inicio
  // Ordenação
  para a de 1 ate MAX_ITENS faca
    para b de 1 ate MAX_ITENS-1 faca
      se dados[b].nome > dados[b+1].nome entao
```

```
// Atribuicao do registro inteiro
temp <- dados[b]

dados[b] <- dados[b+1]
dados[b+1] <- temp

      fimse
    fimpara
  fimpara
fimprocedimento

procedimento ordenaporcodigo
var a,b: inteiro
  temp: tdados
inicio
  // Ordenação
  para a de 1 ate MAX_ITENS faca
    para b de 1 ate MAX_ITENS-1 faca
      se dados[b].codigo > dados[b+1].codigo entao

      // Atribuicao do registro campo a campo
      temp.codigo <- dados[b].codigo
      temp.nome <- dados[b].nome

      dados[b] <- dados[b+1]
      dados[b+1] <- temp

      fimse
    fimpara
  fimpara
fimprocedimento

procedimento imprime
var a: inteiro
inicio
  // Impressão dos dados ordenados
  escreval("Item - Codigo Nome")
  para a de 1 ate MAX_ITENS faca
    escreval(a:4," - ", dados[a].codigo : 6, " ", dados[a].nome)
  fimpara
fimprocedimento

Inicio
```

// Seção de Comandos, procedimento, funções, operadores, etc...
leituradosdados
ordenapornome
imprime
ordenaporcodigo
imprime
Fimalgoritmo

6.5. Exercícios de Fixação

1) Escrever uma função em PORTUGOL (notação do VisualG) que some dois números que serão digitados pelo usuário e apresente o resultado da soma na tela.

2) Escrever um procedimento em PORTUGOL (notação do VisualG) que leia valores de base e de altura indeterminada quantidade de triângulos, calcule sua área, $(\text{base} \times \text{altura})/2$, e apresente o resultado na tela para cada área calculada. Utilize estrutura de repetição com a condição de parada "base igual a 0".

3) Escreva uma função em PORTUGOL (notação do VisualG) que retorne o resultado da relação $y = (x^2 - 1)/(x^3 + 1)$ para todo x lido. Utilize estrutura de repetição e defina uma condição de parada.

4) Escrever uma função que calcule a distância entre dois pontos de um plano, sendo fornecidas as coordenadas (X1,Y1) e (X2,Y2). Escrever, ainda, um algoritmo que leia dez linhas contendo, cada uma, as coordenadas de três pontos, (X1,Y1), (X2,Y2) e (X3,Y3) e determine a área do triângulo formado por esses pontos. Escreva, para cada linha, as coordenadas lidas e a área determinada. Representa-se a relação acima por $\sqrt{(x_2 - x_1)^2 + (y_2 - y_1)^2}$. Utilize estrutura de repetição.

5) Escrever uma função lógica que receba: Uma variável composta unidimensional M; O número N de elementos de M; Um valor X; e desenvolva o valor verdadeiro, se X for igual a algum dos elementos de M, ou falso, em caso contrário. Escrever um algoritmo que leia um conjunto de 20 números inteiros, seguido de outro conjunto de 10 números inteiros, e determine quais desses 10 números são iguais a um dos 20 primeiros.

6) Sabendo-se que, matriz transposta, em matemática, é o resultado da troca de linhas por colunas em uma determinada matriz e que o determinante de uma matriz é dado por:

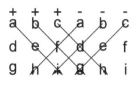

aei + bfg + cdh - afh - bdi - ceg ,

faça um algoritmo que leia uma matriz de dimensões indeterminadas, calcule sua transposta e a multiplique pela determinante de uma matriz 3x3, que também deverá ser lida. Após, imprima o resultado final. O cálculo da transposta e do determinante devem ser funções, assim como a leitura das matrizes devem ser sub-rotinas. Esses procedimentos devem se repetir até que sejam indicados os limites mínimo e máximo da matriz iguais a zero.

7) Faça uma função em PORTUGOL (notação VisualG) que multiplique duas matrizes, cujos valores devem ser lidos no programa principal. Utilize textos informativos em todas as entradas e em todas as saídas de dados, estrutura condicional e estrutura de repetição.

8) Faça uma função em PORTUGOL (notação VisualG) que multiplique uma matriz, cujos valores devem ser lidos no programa principal, por uma matriz identidade com as mesmas dimensões da matriz lida. Utilize textos informativos em todas as entradas e em todas as saídas de dados, estrutura condicional e estrutura de repetição.

9) Faça um programa em PORTUGOL, notação do VisualG, que calcule por meio de uma função o determinante de uma matriz 3x3 que deve ser lida previamente. Utilize textos informativos e estrutura de repetição.

10) Faça um programa em PORTUGOL, notação do VisualG, que implementa uma função que calcula o volume de uma esfera a partir de um valor digitado para o raio. Esse valor deverá ser lido um número indeterminado de vezes, condição de parada raio igual a zero. Utilize textos informativos e estrutura de repetição. Cálculo do volume: $v = \frac{4}{3} \cdot \pi \cdot r^3$.

11) Faça um programa em PORTUGOL, notação do VisualG, para criar um algoritmo para resolver equações de segundo grau, a partir de um número indeterminado de conjuntos de coeficientes A, B e C, com a condição de parada A = B = C = 0, onde haja uma função chamada **calcula_delta**. Utilize textos informativos, estrutura condicional e

estrutura de repetição. Equação do segundo grau e solução:
$$A \cdot x^2 + B \cdot x + C = 0$$

$$x = \frac{-B \pm \sqrt{\Delta}}{2 \cdot A} = \frac{-B \pm \sqrt{B^2 - 4 \cdot A \cdot C}}{2 \cdot A} \cdot$$

12) Sabendo-se que se expressa a velocidade de propagação de uma onda, em m/s, por $v = \lambda f$, onde λ é o comprimento de onda em m e f é a frequência da onda em Hz, faça um algoritmo em PORTUGOL, notação do VisualG, que tenha uma função para calcular a velocidade de propagação a partir de duas tabelas contendo 50 valores para λ e para f, apresentando o resultado na tela. Utilize estrutura de repetição e textos informativos.

13) Sabendo-se que se obtém a média de uma população pela equação

$$\mu = \frac{1}{N} \cdot \sum_{i=1}^{N} x_i$$, onde N é o número de amostras e x o valor lido,

faça um algoritmo em pseudocódigo, notação do VisualG, que leia um número indeterminado de amostras, no máximo 500, reservadas em um vetor, e por meio de uma função calcule a média dessa população, escrevendo o resultado final na tela. A condição de parada da leitura das amostras é valor igual a 9999. Utilize textos informativos e estrutura de repetição, além da função para calcular a média da população.

14) Sabendo-se que se obtém a média ponderada de uma população pela

equação $MP = \dfrac{\displaystyle\sum_{i=1}^{N} w_i \cdot x_i}{\displaystyle\sum_{i=1}^{N} w_i}$, onde N é o número de amostras, x o valor

lido e w o seu peso equivalente, faça um algoritmo em pseudocódigo, notação do VisualG, que leia um número indeterminado de amostras e de pesos, no máximo 500, reservadas em vetores, e por meio de uma função calcule a média ponderada dessa população. A condição de parada da leitura das amostras é valor igual a 9999. Utilize textos informativos e estrutura de repetição, além da função para calcular a média ponderada.

6.6. Bibliografia

ABE, J. M. A.; SCALZITTI, A.; SILVA FILHO, J. I. Introdução à Lógica para a Ciência da Computação. São Paulo, SP: Editora Arte & Ciência, 2002.

FARRER, Harry; BECKER, Christiano G. B.; FARIA, Eduardo C.; Matos, Helton F.; SANTOS, Marcos A.; MAIA, Miriam L. Algoritmos Estruturados. 3 ed. Rio de Janeiro, RJ: Editora LTC, 1999.

GUIMARÃES, A. M.; LAGES, N. A. C. Algoritmos e Estruturas de Dados. Rio de

Janeiro, RJ: Editora LTC, 1994.

NICOLODI, Antonio C. Manual do VisualG 3.0. **VisualG3**, 2017. Disponível em <http://manual.VisualG3.com.br/doku.php>. Acesso em: 20 abr. 2018.

TREMBLAY, J. P.; BUNT, R. B. Ciência dos Computadores: Uma Abordagem Algorítmica. São Paulo, SP: McGraw-Hill, 1983.

WIRTH, Niklaus. Algoritmo e Estrutura de Dados. Rio de Janeiro, RJ: LTC, 1989.

SOBRE O AUTOR

WENDELL DE QUEIRÓZ LAMAS possui graduação em Tecnologia em Técnicas Digitais, com ênfase em Sistemas Programáveis, pela Universidade Estácio de Sá (1991), mestrado em Engenharia Mecânica, área de Automação e Controle Industrial, com ênfase em Instrumentação e Processamento Distribuído, pela Universidade de Taubaté (2004) e doutorado em Engenharia Mecânica, área de Transmissão e Conversão de Energia, com ênfase em Racionalização e Otimização de Sistemas Térmicos e Hidráulicos, pela Universidade Estadual Paulista "Júlio de Mesquita Filho" (2007), como bolsista de Doutorado CNPq. Também possui pós-doutorado na cadeia produtiva do etanol, pela Universidade Estadual Paulista "Júlio de Mesquita Filho" (2012), como bolsista de Pós-doutorado CNPq. Foi bolsista de produtividade científica CNPq no período 2014-2017. É professor da Escola de Engenharia de Lorena da Universidade de São Paulo. Atualmente, análise e otimização de sistemas alternativos de energia constituem sua principal linha de pesquisa, com destaque para gestão energética e ambiental na indústria; otimização de sistemas energéticos; eficiência energética (incluindo cogeração). Desde janeiro de 2018, orientador no Ph.D. *Program in Bioenergy*, da USP, UNICAMP e UNESP.